Prêtre au Cambodge

Benoît Fidelin

Prêtre au Cambodge

François Ponchaud, l'homme qui révéla au monde le génocide

Albin Michel

22, rue Huyghens, 75014 Paris

ISBN : 2-226-10774-6

« Je n'ai ni or ni argent,
mais ce que j'ai, je te le donne. »

Pierre, Actes des Apôtres,
chapitre 3, verset 6

1

« Seuls les poissons vivants remontent le fleuve à contre-courant »

Rouge. La terre est de cette couleur fulgurante, la même que le soleil qui s'est levé d'un bond et empourpre la plantation d'hévéas de Chup, dans la province de Kompong Cham. Le village où nous mène François Ponchaud est au-delà, derrière le rideau des arbres serrés qui encagent la route défoncée. Sur les côtés, le regard se perd, se cogne aux milliers de troncs alignés qui tracent un décor unique, historique même, car jardiné par les hommes depuis tant d'années.

François connaît l'histoire de ces pionniers. Tous des Français, arrivés là dans les années vingt, bien avant lui, pour défricher la forêt hydrophile et faire naître, au fin fond de l'Asie, cet immense domaine capable, cinquante ans plus tard, d'offrir les plus hauts rendements du monde : 2,5 tonnes de caoutchouc sec à l'hectare ! Une manne pour les compagnies étrangères et bientôt pour l'économie du Cambodge, dopée par les juteuses exportations de latex qui représentaient la moitié des entrées de devises. Cette fois, c'est la mémoire qui se perd et redessine face à l'immensité boisée l'image d'un pays qui n'existe plus.

Car c'était avant la guerre, les bombardements aveugles, les embuscades sous le grand couvert végétal, le départ des planteurs cernés par les maquisards et l'abandon final d'une richesse essentielle. Aujourd'hui, la production redémarre. Lentement. Sans aucune incidence, ou presque, sur le bien commun du pays : à peine 5 % des recettes générées par l'exploitation de Chup et la fabrication locale de latex iraient dans les caisses de l'Etat. La vraie fortune ? Confisquée par les militaires, les autorités régionales et certains hommes au pouvoir à Phnom Penh, maîtres de la plantation et de ses ouvriers. Ceux-ci doivent d'ailleurs payer, à l'embauche, la somme de 50 000 riels (100 francs) pour avoir seulement le droit de travailler et de gagner 20 dollars par mois, alors que ceux qui les emploient empochent plus de 400 dollars par tonne de caoutchouc récoltée. Même les ingénieurs étrangers, appelés à la rescousse pour augmenter les rendements, sont repartis, écœurés par la corruption. « Un gâchis féroce, à l'image de la gestion du pays », lâche François en conduisant son véhicule à travers la futaie d'hévéas. Sans lâcher le volant, il nous montre les arbres qui ont été replantés sur l'herbe haute, sans souci de cette disposition en quinconce qui ordonnait jadis les sous-bois de la région.

Soudain, la piste bifurque, et nous nous engageons vers le sud, en tranchant le paysage immuable du pays khmer : la rizière infinie, tel un océan de pousses vertes baignées par les trombes de la mousson, ou de terres gercées, comme aujourd'hui, à l'heure de la saison sèche. Le soleil monte. La chaleur bouillonne au ras des diguettes de terre durcie. Mais Trapeang Kandaol, le village où nous arrivons bientôt, est à l'ombre des grands arbres. Toujours la même disposition des maisons sur pilotis, de part et d'autre de la route ocre bordée de barrières en bois, de lignées de cocotiers ou de bouquets d'aréquiers qui délimitent les parcelles.

Théary, jeune élève pensionnaire qui a profité de l'occasion pour revenir de Kompong Cham, saute du véhicule pour rejoindre sa famille rassemblée autour d'une pauvre paillote et d'un magasin minuscule avec ses fruits éparpillés, ses savons et ses cacahuètes en sachets. « Du commerce à l'arraché », commente la mère de Théary en remplissant deux verres de thé, de sa bouilloire noircie au feu de bois. « 2 500 riels (5 francs) de gains par jour. Même pas de quoi compenser le manque de riz. »

Blancs, aveuglants sous les rayons du soleil, quatre sacs de paddy, le riz brun non décortiqué, sont entassés sur une natte. Tous ont été remplis il y a moins d'un mois, à la fin de la moisson. Mais il en faudrait dix à la famille de Théary pour faire la soudure jusqu'à la prochaine récolte. Pas d'échappatoire à la disette. A moins d'aller récolter des fruits dans la forêt et de manger les feuilles comestibles de certains arbres, d'ingurgiter des champignons et des tubercules ou de patauger dans la boue liquide des lointaines rizières encore irriguées à la recherche d'escargots, de lézards, de crabes, de grenouilles et de serpents qui pullulent.

Une bonne partie des familles est menacée par ce déficit alimentaire synonyme de malnutrition, de faiblesse chronique face aux maladies bénignes, de croissance contrariée des enfants et d'épuisement de la pensée. La pauvreté récurrente. Et pourtant une solution existe, concrète, pour l'endiguer dans un premier temps : faire venir l'eau afin de fertiliser la terre alentour et, qui sait, profiter d'une récolte de paddy en plus. « Le rêve immédiat du village », glisse François. Mais pour le décrocher, il faudrait s'atteler au chantier d'un long canal qui partirait de cette colline gorgée d'eau, tout là-bas, et rejoindrait les premières paillotes à la lisière des champs, tout en irriguant au passage le damier des rizières assoiffées.

Travaux de titans ? Pas si sûr. La construction itinérante est possible. Grâce à l'apport de matériaux, mais surtout à force de courage et de volonté de quitter sa condition d'affamé. Or, la première initiative des habitants de Trapeang Kandaol est d'implorer de l'aide. Sokhom la résume de quelques mots prononcés telle une évidence : « Qu'une organisation humanitaire débarque avec ses outils, son savoir-faire, ses ressources. On saura en tirer profit. Mais pour l'instant, nous sommes trop pauvres, trop épuisés pour nous lancer. »

« Faux, leur répond invariablement François à chacune de ses visites. Cette richesse créatrice, vous la possédez tous. Bien ancrée en vous. Alors, exploitez-la en premier. Vous n'avez pas d'argent ? Non, mais vous avez la foi, l'espérance d'une vie meilleure pour cette communauté et la capacité à évaluer les situations, comme le prouve ce plan d'irrigation. Plus tard, je me fais fort de faire prendre le relais pour les plus gros travaux et la fourniture en matériel par l'organisation catholique Caritas. Mais dès maintenant, tout est possible. Car tout dépend de vous, de vos initiatives pour inverser le cours sordide de la vie. Rappelez-vous ce proverbe chinois : "Seuls les poissons vivants remontent le fleuve à contre-courant." Et souvenez-vous des paroles de saint Pierre dans les Actes des apôtres : "Je n'ai ni or ni argent, mais ce que j'ai, je te le donne." »

La phrase clé. Toujours prophétique. Et provocante au pays de l'éternel recours à l'étranger. Mais que peuvent donc « donner » Sophéa, Sokhom, Savann, Thida, Kamphéa et tous les autres, réunis sous l'ombrage d'un manguier et discutant de l'importance vitale de creuser un canal ? Avant tout, il faut dialoguer avec les villages des alentours sur le tracé de la voie d'eau qui peut aussi favoriser leur essor à tous ; s'adresser au district puis à la préfecture afin d'obtenir les permis nécessaires ; alerter le chef de province et se mettre à la tâche, attaquer enfin la terre à coups de pioche, l'évacuer grâce à la noria des manutentionnaires armés de paniers en osier, y enchâsser de longs tuyaux avant la fin de la saison sèche.

Dans quelques mois, le ciel d'Asie va gronder. Les pluies diluviennes vont hachurer l'univers et transformer le chantier en nappe liquide. C'est maintenant qu'il faut agir. Et bénéficier surtout du système « *Food for work* », livraison de riz en échange du travail, que François promet d'instaurer le temps des travaux. Ainsi, le déficit alimentaire actuel sera comblé durant ce chantier qui permettra l'irrigation d'au moins cent cinquante hectares. Pas de doute, une autre spirale s'enclenchera : celle du progrès partagé. En attendant, ultime exigence, la communauté chrétienne du village devra assurer la distribution du riz offert en fonction du labeur, et sans « coulage » éhonté sur le dos des pauvres, comme c'est si souvent la règle au Cambodge.

La communauté chrétienne... A Trapeang Kandaol, une poignée d'hommes et de femmes sur quelques centaines d'habitants, bien à l'image des catholiques ultra-minoritaires dans le pays tout entier. Mais dans ce village au bout de la rizière, éloigné des villes et des routes passagères, ils peuvent se révéler les ferments d'une véritable transformation sociale, notamment grâce à la gestion du chantier d'irrigation. Car les faits sont là : le groupe des croyants s'étoffe, contre toute attente, gagne en influence dans les villages et les hameaux.

« Huit baptisés », précise François sans aucune marque de fierté, comme si « la récupération des âmes » lui était étrangère. Pour lui, la foi naît, grandit autrement. Sans conversions spectaculaires après une formation accélérée. Mais au fond de ceux et celles qui, progressivement, se découvrent capables, un jour, de puiser dans l'Evangile un élan les propulsant vers les plus pauvres qu'eux, vers la construction d'une société contraire à celle qui réduit aujourd'hui ce pays à une jungle, et vers cette vie spirituelle qui offre à tout homme la chance inouïe de dépasser sa propre condition.

L'Eglise du Cambodge n'est pas guidée par la volonté de « faire du nombre » et de bâtir des cathédrales. La force et la vérité sont ailleurs. Et peut-être dans le regard de Chetana et Bopha, deux jeunes femmes en quête de sens. Elles se rendent ce soir à la réunion des chrétiens de Trapeang Kandaol, au premier étage d'une maison où le plancher en lattes de bambou laisse filtrer tous les bruits de la nuit : les buffles attachés aux pilotis, les porcs qui poussent au sous-sol leur groin désœuvré, le sommeil de la rizière si sèche que les étoiles ne s'y reflètent plus.

Fragile communauté, secouée par une récente dispute qui a débordé sur le village et créé un conflit à désamorcer d'urgence. François s'y est employé tout l'après-midi, en visitant une à une les familles opposées. Difficile, dans ces conditions, d'évoquer ce soir le mythe de la Création, comme le demandaient nombre de fidèles curieux d'enseignement sur l'Ancien Testament. Non. Parlons cette fois de la vie. De cette querelle apparue et dont chacun se rejette la responsabilité, mettant en péril la vie commune. Que faire ? « Pardonner, répond François. Dieu n'est-il pas ce père qui nous aime au-delà de nos fautes ? Alors, s'il nous pardonne, c'est donc que nous pouvons pardonner à autrui. Se convertir au fond de soi grâce à la réconciliation, cet acte qui ouvre en permanence la lucarne de l'espérance dans un monde inhumain. »

Demain, dès l'aube, dans la salle de prières, François recentrera à nouveau la célébration sur cette folle exigence du pardon. Car quel défi que d'en parler ici ! Dans ce pays ravagé par un séisme voici bientôt trente ans, et dont l'histoire n'est depuis qu'une succession de crimes et de luttes fratricides pour le pouvoir absolu.

Les affres de la guerre civile et l'atroce opposition des Khmers à partir de 1970 ; la mort venue du ciel, dans les soutes des B52 américains déversant leurs tonnes de bombes aveugles ; « l'utopie meurtrière » des Khmers rouges et le Cambodge anéanti, transformé durant trois ans, neuf mois et vingt jours en un vaste camp de concentration ; l'occupation vietnamienne et son cortège de lâchetés, de mensonges et de dénonciations encouragés par un régime communiste aux abois ; la mission gâchée de l'ONU et le déversement brutal de milliards de dollars suscitant toutes les convoitises et les injustices démentielles ; enfin le règne de la nouvelle bourgeoisie militaro-affairiste, mêlée à tous les trafics juteux, et le retour au pouvoir d'anciens Khmers rouges convertis aux vices du capitalisme outrancier. Que de ravages pour un seul peuple, anéanti par tant de violence et saigné, pour la première fois de son histoire, par l'exil massif de ses enfants ! Comment les hommes ne seraient-ils pas effondrés et leur société déstructurée ? « Un ressort s'est brisé », constatent à l'unisson tous les coopérants, militaires, prêtres, universitaires, explorateurs, journalistes, hommes d'affaires, religieux et diplomates qui connaissaient, aimaient déjà tant ce pays avant que son destin ne bascule.

Même ici, à Trapeang Kandaol, il arrive que le sourire, le fameux sourire khmer qui farde si souvent les douleurs indicibles, s'efface tout à coup du visage d'un paysan découragé ou d'une mère de famille exténuée. Alors l'un et l'autre s'effondrent en pleurant, sans autre explication à leur désarroi que le fardeau des souffrances du passé.

La violence continue. Qui gangrène dans le village les relations entre familles, entre voisins, marquées par d'incessantes tracasseries et des affrontements soldés à coups de machette. Pour un mot malheureux, une insulte ou l'expression d'une simple jalousie, une communauté humaine peut s'entre-déchirer en un cri d'effroi et partir en lambeaux. Et ce risque d'implosion menace à tout instant le groupe des chrétiens, si patiemment constitué, qui n'échappe pas au trouble lancinant des consciences et à la perte des références vitales.

« Pourquoi serions-nous meilleurs que les autres ? » relativise François face à ses interlocuteurs. Sans doute. Mais c'est bien là, à ce moment précis, que surgit le recours au pardon, aux dimensions parfois invraisemblables. Difficile pour François d'oublier ses propres paroles d'il y a quinze ans, alors qu'il vivait dans les camps de réfugiés à la frontière de la Thaïlande. Dans ce no man's land poussiéreux cerné de barbelés, où la forêt des tentes et des baraques de fortune composait l'univers des Cambodgiens déracinés, rescapés de l'enfer khmer rouge ou du régime de plomb instauré ensuite par les Vietnamiens, le sermon du dimanche portait sur le thème de la réconciliation : « Aimez vos ennemis, priez pour ceux qui vous persécutent. »

« Qu'est-ce qui m'a pris ? s'étonne-t-il encore aujourd'hui. J'ai poussé l'application de l'Evangile à son paroxysme et j'ai carrément dit à la foule rassemblée que Jésus nous demandait de pardonner à Pol Pot et à ses complices. Sentiment impossible, étranger à la nature humaine, mais que le Christ exigeait pourtant ! Silence de mort. Les fidèles me regardaient d'un air effaré. La sueur me coulait dans le dos et j'ai cru que j'allais déclencher une tempête, être submergé, lynché par une vague de révolte. Rien. Les croyants sont restés de marbre, trop stupéfaits pour simplement réagir. La célébration a suivi son cours dans un climat alourdi par le poids de ces paroles. Mais le lendemain, Nithan, un jeune garçon dont la famille avait été massacrée sous le régime de Pol Pot, est venu me trouver. "Hier, j'ai écouté votre sermon, m'a-t-il confié. Ensuite, je suis allé voir le camarade Rong, le chef khmer rouge de mon village, lui aussi réfugié dans le camp, et je lui ai parlé. En gardant de la haine pour nos ennemis, nous ne valons pas mieux qu'eux." Voilà, entre autres, pourquoi je crois à la force de l'exemple pour propager le réflexe insensé du pardon. »

N'est-ce pas aussi « insensé » que de faire entonner par un groupe d'adolescents khmers la célèbre phrase de Carding : « Un jeune garçon et une jeune fille valent plus que tout l'or du monde » ? Dans le village de Suong, le temps d'une brève halte sur la route du retour, ils étaient une demi-douzaine, assis en tailleur, à reprendre ce couplet que d'aucuns trouveraient bien naïf, s'il n'affirmait que la vie a de la valeur, une provocation au Cambodge, dans cette société ruinée, où l'existence humaine ne vaut rien comparée à l'argent qui aimante les destins individuels. Or, affirmer le contraire « accroche » aujourd'hui ces jeunes à l'affût d'un recours face au drame ambiant, d'une autre voie qui ne les condamne pas à la solitude. Pensez donc ! Découvrir que l'on est aimé, que la vie ne s'appuie pas sur une collection de mérites mais sur l'amour emprunt d'une gratuité totale ! Conviction surréaliste au pays des charniers incrustés dans la terre, des 20 000 enfants orphelins ou abandonnés, des 30 000 prostituées dont la moitié sont séropositives, et des trafics en tout genre qui violent les droits élémentaires de la personne humaine.

Un fait divers parmi tant d'autres : ce réseau tout juste découvert sur l'île de Koh Kong, où des centaines de jeunes Khmers échouent, attirés par des rabatteurs qui les rackettent pour passer en Thaïlande. Arrivés à la frontière, ils sont vendus à des patrons qui les droguent et les font travailler comme des bêtes de somme, avant de les livrer comme clandestins à la police au moment de la paye. Combien de Cambodgiens, émigrés temporaires en situation irrégulière, sont ainsi rejetés de Thaïlande par leur employeur, sans avoir touché le salaire que justifiait leur travail dans un atelier textile, une exploitation agricole ou sur un chantier de construction ? On ne les compte plus, tant l'infâme procédé se répète à l'infini, avec la complicité des autorités civiles et militaires.

Pourtant, cet esclavage ne dissuade pas les Khmers démunis de gagner le pays voisin situé à l'ouest. Dès la fin de leur moisson, trop maigre, des hommes de Trapeang Kandaol avaient eux-mêmes entrepris ce voyage risqué en direction de la ville de Poipet à la frontière. Avaient-ils au moins l'espoir de gagner quelque argent ? « Je sais seulement qu'ils étaient sans défense face à tous les trafics, nous a répondu la mère de Théary. Tant pis s'ils ne rapportent rien ! Au moins n'auront-ils pas coûté, en nourriture, à notre village exsangue durant leur séjour là-bas. D'ailleurs, ils ne supportaient plus de rester ici après la récolte, de creuser le déficit alimentaire de leur famille. » A défaut d'une migration de quelques semaines en Thaïlande, d'autres paysans louent leur force de travail dans la plantation de Chup, où ils coupent et assemblent du bois mort à longueur de temps pour 3 000 riels par jour, soit environ 6 francs français.

Aujourd'hui, une dizaine d'entre eux montent avec leur bicyclette à l'arrière de la camionnette de François, qui se dirige lentement vers le nord, en direction de Kompong Cham et donc de leur chantier, slalomant entre les trous béants, sur la piste tracée le long d'un interminable canal construit par d'autres légions d'esclaves il y a moins de vingt ans, à l'époque des Khmers rouges...

« Décidément le Cambodge est maudit ! », éprouvet-on l'envie de hurler sous l'effet d'une vague d'indignation qui gagne avec l'emprise du réel. Mais alors ? Les trois milliards de dollars de l'intervention de l'ONU censée restaurer un Etat de droit ; l'aide internationale qui assure près de 50 % du budget national ; la centaine d'organisations humanitaires implantées à Phnom Penh ; les grandes conférences sur la paix et le développement de la nation khmère en reconstruction... Tout ça pour ça ? La réaction peut paraître primaire, dictée par l'émotion. Mais comment la refouler au retour des zones rurales où vivent 80 % de la population ? Soit plus de huit millions d'habitants qui n'ont guère vu la manne fantastique du développement que la capitale s'est en partie appropriée et qui a si souvent été dilapidée au nom d'intérêts très particuliers.

Quatre Cambodgiens sur dix vivent au-dessous du seuil de pauvreté absolu, principalement dans les provinces. Le chiffre est officiel. Il émane du Programme des Nations unies pour le développement (PNUD), qui constate que la moitié des enfants de moins de cinq ans sont sous-alimentés ou que leur croissance s'est dramatiquement arrêtée. Le pays est à la traîne en Asie, avec son espérance de vie qui stagne à 50,3 ans pour les hommes, un des chiffres les plus bas de la planète, et son système éducatif en friche, où seulement 27 élèves sur 1 000 entrés à l'école primaire sortent du secondaire avec un diplôme. Triste réalité, qui contredit bien des discours ou théories...

« Les faits sont là, le Cambodge reste en rade », tonne François au volant du véhicule qui file cette fois vers Phnom Penh. La vision de la chaussée semble démentir nos propos pessimistes. Un chantier herculéen est en cours : la route de Kompong Cham est en réfection totale. Sa largeur sera triplée sur un immense tronçon, chacun de ses ponts rebâti. Un vecteur du développement se dessine avec l'avancée de ce long ruban d'asphalte, tracé à la faveur de dons japonais.

Scénario financier identique pour le Centre de recherche sur la santé publique, inauguré grâce à 735 000 dollars venus d'Allemagne, la lutte contre la malaria pour laquelle l'Organisation mondiale de la santé et la Banque mondiale déboursent 1,2 million de dollars chaque année, la réfection récente de cinq étages de l'hôpital Sihanouk dans la capitale grâce à 1,6 million de dollars offert par la Thaïlande. Et si la mortalité infantile vient heureusement de chuter de 116 à 90 pour 1 000, c'est en partie grâce au Fonds des Nations unies pour la population (FNUAP) qui prévoit encore de débloquer 7,4 millions de dollars dans ce domaine jusqu'à l'an 2 000. Même une partie du matériel sportif du Cambodge est financé à hauteur de 395 000 dollars par le Japon, tandis que les Philippines vont jusqu'à offrir des machines à décortiquer les grains de paddy. Aucun secteur n'échappe à la perfusion de l'étranger, pas même les comptes en banque de nombreux dignitaires du régime... Un ambassadeur occidental est formel à ce sujet : dès qu'un versement conséquent d'aide internationale est effectué au Cambodge, les spécialistes observent dans les jours qui suivent des mouvements financiers sur les grandes places monétaires mondiales.

« Encore heureux que le pillage ne ruine pas tous les efforts humanitaires ! » s'exclame François en considérant, bien sûr, que certains de ces élans de générosité échappent au racket et aboutissent au mieux-être d'une partie de la population. Mais le système est vicié, qui oblige à gaver les bourreaux pour avoir accès aux victimes, et qui nie un principe universellement reconnu, à savoir que la personne ou l'institution qui paye possède un droit de regard sur l'utilisation des sommes versées. Le Cambodge est loin d'appliquer la règle, malgré les mises en demeure et les rares sanctions courageuses du Fonds monétaire international (FMI) et de la Banque mondiale, suivies de discours rassurants des autorités de Phnom Penh, mais jamais d'effets.

Oui, le pays est loin de tous ces devoirs qui justifient ailleurs l'existence des droits. Les ravages de son histoire contemporaine plaident en sa faveur. Mais ils n'expliquent pas la dérive sordide de la société et l'acharnement fou des Khmers à s'auto-détruire encore.

« Pour moi, cette longue tragédie s'apparente à la croix, explique François. La croix d'un peuple martyrisé par l'Histoire et ses propres démons. Mais surtout la croix et son espérance ténue : la vie qui sourd du désastre ambiant et révèle une lueur infime, entretenue par l'Eglise du Cambodge... »

Elle non plus n'a guère été épargnée. Les Khmers rouges ont voulu la rayer de la carte en assassinant les chrétiens et les occupants vietnamiens ont tenté de la museler. En vain. Elle vit toujours avec ses 7 000 croyants éparpillés des rives du Mékong à celles du golfe du Siam. Et, qui l'eût cru, elle se présente aujourd'hui, malgré son peu d'envergure, ses prêtres isolés et ses pauvres fidèles, comme une des seules forces morales d'alternance au Cambodge. Tout la rend prophétique : l'exigence inouïe de sa parole à laquelle répond un fonctionnement interne d'une rigueur implacable ; la manière dont elle traduit, en actes, la fameuse priorité évangélique pour les plus démunis ; son défi d'imposer concrètement la justice face aux puissances corrompues ; sa volonté farouche de changer le cœur des hommes, bien au-delà des adhésions précipitées et des conversions d'intérêt.

Cette Eglise, François la compare à « un microbe », qui transmettrait le germe propice à la « Révolution de l'amour ». « Le pays s'en sortira grâce aux plus petits, poursuit-il, aux misérables, aux sans-voix remisés dans l'ornière. Le pouvoir voudrait s'en débarrasser, les balayer comme de simples miettes. Mais par la solidarité qu'ils incarnent, le Cambodge renaîtra un jour. Alors à nous, à moi de semer au nom de cette espérance, sans espoir de récolte à court terme. Avant 1975, je croyais à la fécondité instantanée de mon travail, à sa valeur immédiate. Le séisme provoqué par les Khmers rouges a brisé cette illusion de jeunesse. Il a enseveli nos grandes réalisations missionnaires. Seule est restée la foi, cachée dans le cœur des survivants. Et cette foi a grandi, s'est propagée alors que nous étions absents, expulsés à l'étranger. Ce n'est donc pas nous, prêtres ou religieux, qui sommes maîtres de la croissance. C'est un Autre... »

Et parfois, cet Autre prend le visage des habitants de Trapeang Kandaol luttant pour la paix du village et pour l'irrigation des rizières. Ou celui des jeunes de Suong surpris de découvrir qu'ils valent « plus que tout l'or du monde ». Leurs silhouettes surgissent, s'interposent entre le paysage et la voiture brinquebalée, alors que la nuit tombe en un coup d'aile.

Bientôt Phnom Penh. Le lieu de résidence habituel

de François pour un travail bien différent d'intellectuel, d'inlassable témoin de la réalité khmère, mais surtout d'exégète, d'adaptateur, de traducteur des Ecritures saintes, des textes liturgiques et même de la Bible dans son intégralité. Une autre aventure...

En attendant, le soleil plonge sur l'horizon où se détachent les hautes silhouettes des palmiers isolés qui murmurent, entre chien et loup, l'éternelle poésie du pays meurtri. Dieu, que notre vieille Europe est loin ! Et notamment son toit, ses sommets de glace et de pierre, ses alpages où tout à commencé, pour François, voici soixante ans.

2

Du toit du monde occidental aux rives du Mékong

« Un théâtre », disait Victor Hugo. Tel est Sallanches. Une scène majestueuse, occupée au sud et de manière écrasante par le mont Blanc, tandis que la chaîne des Aravis, les aiguilles de Warens et la pointe d'Anterne ressemblent à d'immenses gradins qui forment un hémicycle. La haute montagne en grand spectacle !

François y assiste dès l'enfance, car il est né en 1939 dans cette petite ville de Savoie d'où l'on relève, en direction du point culminant d'Europe, une dénivellation de plus de quatre mille mètres pour une distance horizontale de seulement vingt kilomètres. Dépression unique au cœur des Alpes, qui place le ciel à portée d'une ascension vertigineuse...

Vers lui, pourtant, la famille Ponchaud n'a guère le loisir de lever les yeux en rêvant. Son regard est plus souvent happé par cette terre agricole dont elle exploite quelques hectares pour la polyculture et l'élevage. Un troupeau d'une douzaines de vaches, quelques porcs, la production de betteraves fourragères, de blé, de pommes de terre et de cerises. Une exploitation comme on n'en fait plus, à l'heure actuelle des quotas laitiers, de la jachère au nom des surplus et de la mécanisation forcenée. Celle-ci commence à peine lorsque François est enfant et son père joue les pionniers, avec le premier tracteur de la région acquis en 1935. « On le prenait sur ce terrain pour un fou, raconte François. En fait, c'était un visionnaire et un génie de l'invention en matière d'outils agricoles. Que n'a-t-il bricolé dans son atelier comme machines à sarcler les betteraves ou à faucher l'andin ! »

Mais le labeur reste foncièrement manuel, qui engloutit l'existence des paysans dans les nécessités d'une véritable économie de subsistance. A cet égard, Léon Ponchaud a des devoirs urgents. Lui et Edith, son épouse, sont à la tête d'une famille de douze enfants ! François est au milieu de ce « peloton » compact, en septième position, toujours entouré par la vie qui jaillit.

Impossible de se soustraire à l'emprise de la ferme. Il faut vivre. Il faut ramasser les pommes de terre, râper les aliments du bétail sous la sombre voûte des étables, descendre les bottes des greniers bourrés de foin, porter la charrette de bidons de lait jusqu'à la fruitière et conduire par la bride, dès l'âge de sept ans, les lourds chevaux de trait. « Une escouade de journaliers à la tâche. Voilà à quoi on ressemblait lors des moissons. Les Parisiens en vacances nous regardaient de haut. Ils ne mesuraient pas notre bonheur d'être aux champs, si harassantes fussent les journées. Se plaindre ? J'ai le souvenir précis que ce sentiment nous était étranger. Au Cambodge, tant d'Occidentaux qui s'estiment la conscience universelle du monde sont surpris que je ne condamne pas, a priori, le travail des enfants dans les rizières. Il n'a souvent rien à voir avec l'exploitation éhontée des jeunes ouvriers dans les ateliers de confection. Replaçons cette réalité “scandaleuse” dans le contexte de la course acharnée aux moindres ressources familiales. Et exigeons que cette lutte pour la survie n’empêche pas, au moins, les gamins d’aller à l’école, y développer le parfait antidote à la pauvreté. »

Ce dénuement aujourd’hui commun à tant de jeunes Khmers, François et les siens sont loin de l’éprouver dès l’enfance. En cette crise de l’immédiat après-guerre, ils se repassent seulement les mêmes vêtements offerts à l’origine par des voisins et s’échangent, à deux ou trois, une unique paire de chaussures le dimanche pour se rendre l’un après l’autre à la messe. Dieu fait partie de la vie, la guide et la transcende de manière implicite, tout comme Il provoque l’engagement de Léon Ponchaud au Mouvement républicain populaire (MRP), afin de nourrir le combat politique de ses convictions démocrates-chrétiennes. Plus tard, sous la pression de ses amis militants, il est élu conseiller général de la Savoie. Il part alors à Annecy, aux sessions de l’Assemblée départementale, après avoir travaillé deux heures au point du jour dans son exploitation. Ses enfants le relaient juste avant leur scolarité en primaire chez les Frères des écoles chrétiennes. Seul l’internat au collège de Thonon-les-Bains les soustrait bientôt à la ferme. Mais une demi-heure après leur retour du pensionnat, le samedi, ils sont à nouveau « réquisitionnés ». Les loisirs sont dans les prés !

François, lui, vit déjà en connivence avec Jésus, sans même se formuler cette évidence. Car la foi, celle de ses parents, celle qui s’exprime lors des célébrations où il est enfant de chœur, celle qui inspire ensuite ses études secondaires au petit séminaire s'inscrit spontanément dans sa jeunesse. Il projette de « servir Dieu et l'Eglise ». Ambition vague. Jusqu'au jour où son père évoque la figure d'un ami aimanté par le goût du risque, parti raconter l'Evangile aux habitants des « banlieues rouges » de la capitale. « Quel destin ! » réagit François avant d'échafauder le rêve précis d'aller lui-même s'enfouir dans les milieux défavorisés et de faire partager, à ceux qui n'ont pas eu sa chance, le bonheur d'être chrétien.

Malgré le célibat imposé, face auquel il reconnaît n'avoir d'autre issue que de « spiritualiser au maximum cette absence de l'autre partie complémentaire de soi-même », la vocation se dessine chez l'élève passionné par l'étude du latin, du grec et de l'italien, l'éternel premier de la classe qui décroche le bac avec mention. Du coup, certains enseignants voient en lui un futur professeur au séminaire d'Annecy. La voie idéale. Mais François exprime le désir obstiné de propager mille fois plus loin la Bonne Nouvelle reçue comme un héritage à transmettre. Face aux pressions bienveillantes, face au destin tranquille et tracé par autrui, il décide alors d'opter pour une vie que personne n'osera contredire, et qu'il présente d'ailleurs comme un choix sans appel : les Missions étrangères de Paris.

La Société de la rue du Bac a déjà des siècles d'histoire dont François n'a aucune idée ! Il connaît seulement le visage éclairé d'un jeune prêtre ordonné à Sallanches en 1946, entrevu avant son grand saut vers l'inconnu, en direction d'un autre continent où, paraît-il, la multitude est l'avenir du monde. L'Asie ! Avec l'Inde et la Chine, si peuplées, si foisonnantes de périls et de promesses, selon ces prêtres des MEP rencontrés ensuite à l'abbaye de Tamié. Avec eux, soudain, François entrevoit un univers vibrionnant que ses livres de classe, parcourus avec une assiduité féroce, lui ont finalement caché. Mais il sait aussi que ses prouesses en grec et latin ont façonné ses méthodes de travail et vont devenir le passeport pour d'autres découvertes.

Patience. Avant d'aborder un autre monde il faut quitter le sien. Accepter « l'éteignoir » du séminaire des MEP à Bièvres, en région parisienne, y vivre coupé des réalités comme un simple « petit moine », se concentrer sur la philosophie, la théologie, toujours le latin. Et quelle déception que ces cours médiocres d'Ecriture sainte qui éveillent un formidable appétit culturel, mais où la récente Bible de Jérusalem est frappée d'interdiction ! Au fond, c'est la vie en vase clos. Presque la veille intellectuelle. Où l'on conjure le désœuvrement par la lecture de romans qui s'empilent. Au moins un acquis ! D'autant que la vie resurgit comme un boomerang, dans sa réalité la plus crue.

1959. Des hélicoptères vrombissent sur le plateau caillouteux des Aurès, en Algérie. Les paras du 14e RCP sautent à terre et n'ont qu'un objectif : déloger les maquisards retranchés dans leurs contreforts d'altitude. Le « béret rouge » François Ponchaud partage leurs journées de traque sur les sommets d'Afrique du Nord et leurs nuits passées dans la neige. Une vie de chien, à la poursuite de soldats en fuite. Les balles sifflent. Le régiment déplore 25 morts et 8 blessés lors d'un terrible accrochage, le jour de Pâques 1960. Mais déjà, le conflit touche à sa fin. Les coups de main n'ont plus le caractère si primaire des premiers affrontements, cinq ans auparavant, quand « la seule négociation possible était la guerre ». L'Histoire connaît alors l'une de ces volte-face coutumières aux hommes qui tracent son cours bien sinueux : l'Algérie arrache son indépendance sur le seul plan politique. Les coups de main continuent mais chaque camp pressent que le sort en est jeté. Avant ces combats d'arrière-garde, comme pour refréner ses ardeurs et justifier ses initiatives, le capitaine du régiment provoque amicalement le futur missionnaire présent au milieu de ses troupes aéroportées : « Eh ! toi, le curé, qui es contre la guerre, qu'en penses-tu ? » Question rituelle. Pour s'entendre répéter, une fois de plus, que la prochaine opération doit se dérouler à la régulière, sans exactions. Que dire de plus quand on a vingt ans et que l'on est de plain-pied dans la mêlée ? Cette position, François l'a choisie dès le départ. La guerre est là. Il faut la faire. Alors autant s'y engouffrer comme un vrai soldat, partager la vie de ceux qui sont en première ligne et s'exposer avec eux dans la fournaise.

Pas question de se dérober, non plus, après ces vingt-huit mois d'armée. Les Missions étrangères veulent que leurs brillants élèves partent à Rome parfaire leur formation théologique afin d'obtenir des diplômes reconnus sur le plan international. Alors va pour la Ville éternelle et son séminaire français un peu « tradi » (traditionnaliste), qui fourmille d'élèves de bonne famille venus se mettre à l'abri des « idées modernes » ! Mais l'Eglise est universelle, et le grand brassage produit ses effets détonnants. Plusieurs jeunes, marqués par les principes intangibles de leurs origines, évoluent au contact de leurs nouveaux amis, notamment latino-américains, qui leur parlent d'une institution moins rigide car propulsée sur le terrain social et politique, en raison des injustices criantes et de la pauvreté qui provoquent tant de chrétiens prophétiques. A elles seules, la véracité et la fraîcheur de leur témoignage font bouger les esprits. François, lui aussi, révise ses préjugés, découvre que les êtres intelligents ne sont jamais figés dans leurs convictions lorsqu'ils sont confrontés au réel et à la force de l'exemple. Une bonne leçon à retenir.

En fait, il est à l'affût de tous les enseignements. Celui de ses professeurs, qui accolent la mention « bien » à sa licence de théologie ; celui des langues anciennes qui lui permet de lire couramment l'hébreu en plus du grec et bien sûr du latin ; celui du concile Vatican II qui se déroule pendant son séjour romain et offre à l'Eglise de participer à l'émergence historique des pays neufs qui viennent juste d'acquérir ou d'arracher leur indépendance.

Mais ces cultures lointaines, comment les aborder en profondeur ? La formation des MEP est quasiment silencieuse sur les ressorts spirituels, les fondements historiques ou les exigences ecclésiales de l'aventure missionnaire. D'autant que l'apprentissage ardu des langues anciennes finit par dévorer la jeunesse de François. Heureusement, le succès est au bout de ces études accablantes. A tel point que ses supérieurs voudraient l'orienter vers une licence biblique, à Rome puis à Jérusalem, afin d'obtenir un diplôme de professeur d'Ecriture sainte. Mais l'urgence intérieure le pousse à partir plus tôt. Un autre univers apparaît, encore méconnu, imprécis, mais déjà si présent, en cet été brûlant de l'année 1964, lorsque François s'allonge sur les dalles de l'église de son enfance, le jour de son ordination.

Quelques mois aupraravant, il a reçu une première indication : « Cap sur la région du Sud Viêt-nam », indique un bristol des Missions étrangères. Affectation peu précise, située dans une vaste zone pastorale qui suit les contours de notre ancienne Indochine, cette péninsule bordée par la mer de Chine méridionale et les eaux du golfe du Siam, sillonnée par un fleuve immense, sombre et impétueux, le Mékong. Sur ses berges étouffées de verdure, du Laos à la Cochinchine, la France s'est imposée, pendant près d'un siècle, au nom de ses propres intérêts et de sa « mission civilisatrice ». François se rappelle ses cours de géographie et d'histoire. Mais il sait aussi que notre pays s'est désengagé de cette région dans la douleur, il y a juste dix ans, suite à la terrible défaite subie dans la cuvette de Diên Biên Phû. Le Viêt-nam est désormais partagé à hauteur du 17e parallèle entre le Nord communiste d'Hô Chi Minh et le Sud, allié des Etats-Unis. Sur place, ces derniers n'envoient plus seulement des conseillers militaires, mais des divisions entières de GIs et de marines censées briser la « stratégie des dominos » et donc endiguer l'avancée du communisme en Asie du Sud-Est. La guerre est déjà là.

Puis le père Trimaille, membre des MEP, débarque à Sallanches et prononce enfin le nom d'un pays bien précis : Cambodge ! Un coup d'œil sur l'atlas permet de mieux situer la vision d'une petite nation frontalière du Laos, de la Thaïlande et effectivement du Viêt-nam, vaste comme un tiers de la France et qui déroule plus de quatre cents kilomètres de côtes le long du golfe du Siam. Le Mékong est bien là, sur cinq cent sept kilomètres du nord au sud, traversant le pays de part en part, lui offrant la multitude des étangs alimentés par les crues, des rivières sinueuses au pied des palmiers, des arroyos semés de jacinthes d'eau. Et surtout ce grand lac du Tonlé Sap, mer intérieure au pays khmer que l'explorateur français Henri Mouhot appelait « la petite Méditerranée du Cambodge ».

Déception malgré tout. Cette terre de cent quatre-vingt-un mille kilomètres carrés, indépendante depuis 1953 et gouvernée par un petit roi nommé Sihanouk que des magazines montrent parfois en pantalon bouffant, marchant sous de larges ombrelles tendues par des rangées de courtisans, est une ancienne colonie française. « Sûr que l'on y parle encore la langue de Molière », en déduit François qui rêve au contraire d'inscrire un dialecte oriental à sa culture linguistique. Quant aux Khmers, ils les assimile vaguement à « une tribu d'origine vietnamienne », erreur monumentale héritée des leçons apprises sur notre ancienne Indochine, et qui présentaient aussi les Vietnamiens comme « les gens les plus intelligents du monde... ». La réalité va faire voler en éclats ces descriptions hâtives et ces préceptes d'ignorant appris par cœur par les enfants de la « métropole ».

Mais il reste une année de théologie avant le départ. D'épais ouvrages de latin, de grec et d'hébreu, où s'enfouir au point d'oublier le monde à venir. Et toutes ces Ecritures saintes à relire patiemment, à commenter ou à découvrir encore, le grand voyage demeurant relégué en point de mire.

Après un dernier été en France, la séparation arrive enfin, déchirante, entre François et les siens. L'impression de partir pour toujours, vers des horizons méconnus, le plonge dans une tristesse infinie. Et quelle épreuve que ces voyages en train ! D'abord vers Paris, où les vieux prêtres des Missions étrangères, qui ont jadis connu la même blessure, trouvent quelques mots réconfortants. Puis vers Marseille, où le cargo *Irrawaddy* de la compagnie Mixte appareille enfin sur la Grande Bleue, le 10 octobre 1965. Cap sur l'Extrême-Orient via Gênes, Port-Saïd, Djibouti, la Malaisie, Singapour...

Vingt-huit jours de mer pour changer d'univers, dans le sillage d'une foule cosmopolite qui empruntait jadis ce même parcours à destination de l'Indochine. Un long voyage alors entrepris au plus près des cales pour les « petits Blancs » ou les soldats du corps expéditionnaire, et en cabine grand luxe pour les colons argentés, les margoulins de la piastre ou les romanciers mythiques partis, tel Graham Greene, décrocher un rêve exotique entre la cordillère annamitique et les neuf bras du Mékong. Mais ces traversées appartiennent au passé. L'avion prend aujourd'hui le relais pour la plupart, tandis que le Viêt-nam s'enfonce un peu plus dans la guerre américaine.

François a choisi d'occuper les longues journées du voyage à étudier l'histoire de la région. Il découvre alors que des hommes vivaient déjà au sud de la péninsule indochinoise au milieu du quatrième siècle avant Jésus-Christ. Des peuplades à la peau très brune, habitant la forêt et bâtissant leurs cabanes en haut des arbres, constructions à l'origine des maisons sur pilotis. Ils se nourrissaient alors de cueillette et de pêche, cultivaient le riz à l'aide de bœufs et de buffles domestiqués, s'adaptant aux sous-bois humides infestés de paludisme grâce à cette fameuse hémoglobine « E », présente dans leur sang au point de les immuniser partiellement contre les fièvres de la malaria. Et ces êtres, qui vouaient un culte précieux aux génies fonciers, étaient bien les ancêtres d'un peuple pétri de culture indienne, entré dans l'Histoire à l'aube de l'ère chrétienne : les Khmers.

Ce peuple était parvenu à l'apogée de sa splendeur entre le onzième et le quatorzième siècle, quand il avait construit Angkor, sa capitale en plein cœur de la forêt cathédrale. Le pouvoir du Roi Lépreux s'étendait alors de Chiang Mai au Siam à l'isthme de Kra, et de la pointe de Ca-mau à l'extrême sud de notre ancienne Cochinchine, jusqu'à Luang Prabang, jadis capitale du Laos. Mais, épuisé par la démesure des travaux angkoriens et les guerres incessantes, le peuple khmer fut dévoré par ses voisins. Les Thaïs poussés par Gengis Khan et ses Mongols conquirent les marches ouest de l'Empire khmer, tandis que les Vietnamiens, ce peuple originaire du bassin du fleuve Rouge qui avait rejeté la tutelle étouffante de l'Empire chinois au dixième siècle, accaparaient progressivement les riches terres du delta du Mékong.

Menacés d'être dévorés par les Thaïs, les rois khmers livrèrent bientôt tout le Sud fertile aux armées vietnamiennes appelées à l'aide. Ainsi fut scellé le destin de leur territoire, réduit à une peau de chagrin et happé pour toujours dans un fatal mouvement de balancier, le plaçant alternativement sous le contrôle ou la domination de ses deux puissants voisins. Seule une révolte populaire, au milieu du siècle dernier, réussit à desserrer un peu l'emprise vietnamienne. Le roi Ang Duong en profita aussitôt pour demander l'aide de la France, afin de protéger son pays menacé.

Le Cambodge devint ainsi protectorat français en 1863. Et quatre-vingt-dix ans plus tard, dans une Indochine où la France s'engluait au Tonkin face au Viêt-minh, il obtint son indépendance grâce à l'influence et à la notoriété du roi Sihanouk.

Cette histoire, à la fois millénaire et aux dénouements très contemporains, François l'aborde sur le dos des flots. Mais il bute un jour, dans un ouvrage présentant succinctement les religions du Cambodge, sur la mystique vishnouiste, du nom de cette divinité populaire pour tant de Khmers, deuxième Dieu de la triade hindoue dont la fonction est la conservation de l'univers créé. Et cette découverte provoque en lui une terrible anxiété. « Mais que vais-je donc faire dans ce pays, moi qui n'ai aucun penchant pour quelque mystique que ce soit, et que partager avec ce peuple si différent, que lui dire même dès mon arrivée ? » Soudain, l'idée du fossé culturel lui noue la gorge car il apparaît difficile à franchir. « En fait, reconnaît-il aujourd'hui, j'étais bien incapable de bâtir un projet missionnaire précis et de m'apercevoir que l'essentiel à apporter sur cette terre était une nouvelle vision de l'homme. Il me faudra des décennies et la confrontation avec tant d'événements tragiques, pour découvrir cette simple vérité. »

3

Le grand livre du peuple khmer

« Eau et terre », les Khmers désignent ainsi la contrée qui les a vus naître. Où finit le premier élément ? où commence l'autre ? François ne le sait toujours pas. Pour l'heure, en ce 4 novembre 1965, il débarque à Kompong Som, encore appelé Sihanoukville, le seul port en eaux profondes de la longue façade maritime méridionale du Cambodge. Au loin, sur sa droite, des écharpes de brume envahissent le sommet de la montagne de l'Eléphant, qui prouve à elle seule que ce plat pays a aussi ses tourments d'altitude. Certes, le territoire ne dépasse pas, sur les trois quarts de sa surface, cent mètres au-dessus du niveau de la mer. Mais il reste quelques endroits où le sol connaît ces élancements vertigineux qui hissent la forêt primaire au plus près des nuages bas. Fascinant pays, où la poésie vient avant tout des compositions de la nature originelle.

Un prêtre et l'évêque des Missions étrangères sont sur le quai : Emile Destombes et Yves Ramousse s'enracinent au Cambodge, sans savoir qu'ils seront tous deux, trente-deux ans plus tard, une fois traversées les affres d'une histoire inouïe, parmi les seuls survivants de l'Eglise rescapée d'un enfer alors imprévisible.

Le petit royaume paraît alors lové, comme dans un rêve, dans une douceur de vivre extraordinaire. Loup Durand a ainsi qualifié cette ambiance, née de la vie indolente des hommes au cœur de leurs paysages familiers, dans son roman *Jaraï** qui nous compte en partie le Cambodge de cette époque « bénie des dieux », laquelle est schématisée sur ces innombrables tapisseries écarlates, images peintes ou lithographies, toujours vendues en posters ou en cartes postales. La scène de ces reproductions se déroule à la campagne, berceau de 80 % des Khmers, autour de quatre ou cinq éléments intangibles. Les hauts palmiers et leurs rosaces de feuilles ébouriffées ; la maison perchée sur ses pilotis où la montée des eaux a laissé des marques sombres ; le petit étang appelé « boeung », plus petit à la saison sèche, mais encore semé de nénuphars fleuris ; la rizière au loin, tel un décor éternel, et les jarres ventrues balisant l'espace où s'animent les silhouettes de la vie : une jeune femme aux cheveux noirs de jais, vêtue d'un sarong, avec un enfant calé sur sa hanche, les gamins autour du rectangle d'eau morte à l'affût des grenouilles ou des poissons argentés, un homme aux pieds nus dans la boue, arc-bouté sur sa charrue tirée par un buffle, et qui laboure obstinément la terre spongieuse... Une harmonie se dégage du tableau idyllique, celle justement que recherchent les Khmers dans leur relation avec le cosmos, les cycles des saisons et les forces de la nature. Cette image, représentation presque surréaliste d'une société apaisée, va s'incarner sous les yeux de François dès son arrivée sur le sol cambodgien. Le premier

* Editions Denoël et Le Livre de Poche.

trajet mène à Phnom Penh, la capitale aux allures de cité provinciale. Et comme en ce pays les villages s'agglutinent le long des routes et des cours d'eau, la belle vision paisible et parfaite se dessine tout au long du chemin.

Phnom Penh apparaît sur la rive occidentale du Mékong, qui l'enserre en fait de quatre longs bras fluviaux. Larges avenues bordées de flamboyants et de parterres engazonnés. Villas coloniales ravalées de tons ocre. Quartier chinois grouillant et bigarré où s'entassent les « compartiments » des commerçants. Palais royal et Pagode d'argent, face au confluent des cours d'eau. Flânerie des promeneurs à la nuit tombée sur les berges éclairées de lucioles vacillantes... « Ville parfumée, bienveillante, aimable à n'y pas croire, d'une douceur languissante », écrira encore Loup Durand dans son fameux *Jaraï*.

Mais c'est quand même une vraie capitale, hypertrophiée avec 400 000 habitants, la cour pléthorique du prince Sihanouk, les administrations centrales envahies de fonctionnaires et les belles ambassades, refuges de diplomates endimanchés. Surtout, la communauté occidentale est dominée par les Français, investis dans quelques secteurs industriels décisifs et dans l'enseignement, en vertu de nombreux accords de coopération conclus entre le royaume indépendant et son ancien protecteur. Pas plus qu'aujourd'hui, cette belle cité aérée au doux parfum exotique et aux quartiers cosmopolites, peuplée aux deux tiers de Chinois et de Vietnamiens, ne reflète alors le pays réel. Le vrai Cambodge est ailleurs et pas forcément loin. Il suffit de traverser un fleuve pour le découvrir parmi les bâtisses de bambou encagées dans les bananeraies.

La presqu'île de Chruy Changvar sépare à Phnom Penh les eaux du Tonlé Sap de celles du Mékong. François s'y installe aussitôt après son arrivée dans la capitale, qu'il fuit pour s'initier au khmer. L'adaptation commence par l'essentiel : l'apprentissage de la langue, dans la quiétude d'une maison ensevelie sous les manguiers, les arbres à pommes de lait et les cocotiers. Huit heures d'étude quotidienne, à l'abri du soleil filtré par des persiennes en bois et au son d'un gros ventilateur qui brasse l'air chaud. Travail solitaire le matin, à l'aide d'un livre et d'un magnétophone. Puis venue l'après-midi d'un instituteur du village, afin de réciter les premières lettres d'un alphabet si différent et de les assembler pour ânonner quelques sons reconnus. Les jours passent et se ressemblent sur la presqu'île. Mais, lentement, la langue atonique d'origine austro-asiatique, enrichie au cours des siècles d'apports indiens, de sanscrit et de pali (la langue religieuse bouddhique non écrite), dévoile ses secrets.

Quelle logique différente pour un Français fidèle à son système de pensée où une phrase expose une idée ! Pour les Khmers, les répétitions en série sous des formes très diverses permettent l'expression lente de cette même idée selon un cheminement ardu. Voilà pourquoi les traductions à partir d'une langue occidentale sont incompréhensibles à l'ensemble des Cambodgiens. Leurs phrases sont des juxtapositions spatiales et temporelles, toujours organisées à l'inverse d'une logique cartésienne. Et chacune d'entre elles se doit d'être explicite, hyper-descriptive. « Que désirez-vous, du pain ou du riz ? » ne sera pas compris d'emblée, dans la mesure où il s'agit d'abord d'expliciter ce dont on parle : « Du pain ou du riz, que désirez-vous ? » Trait singulier d'une civilisation qui n'est surtout pas celle du livre, mais d'abord celle de l'oral, et où les propos échangés doivent toujours être dépourvus de la moindre abstraction.

Chruy Changvar est le théâtre de ces premières découvertes. Six mois passés entre Mékong et Tonlé Sap, sans jamais relâcher l'effort. C'est le grand voyage intellectuel parmi la forêt des lettres originaires du sud de l'Inde, et dans le dédale des 33 consonnes affectées d'un son « o » ou « a ». Dire qu'elles n'ont même pas besoin de voyelles pour avoir une signification, tandis que six voyelles autonomes se prononcent sans être liées aux consonnes et possèdent également un sens par elles-mêmes ! D'ailleurs, vu le nombre des voyelles, la langue khmère se révèle pétrie de sons très difficiles à prononcer. D'où l'exigeante épreuve phonétique, ponctuée d'exercices quotidiens sur les muscles de la langue et du palais, pour enfin arriver à dire le « Ua » long et le « u » qui se prononce « vui ».

François s'échine, répète à l'infini des syllabes et des bribes de phrases à la syntaxe finalement très simple : ni temps, ni conjugaisons, ni genres, ni nombres, ni articles. Mais des mots écrits sans espaces intercalaires, dont la lecture se révèle extrêmement lente. Pas moyen de lire une page « en diagonale ». Et puis ce « je » qui se traduit par « serviteur » dans une conversation avec un étranger ; « serviteur-plante-des-pieds », pour honorer un personnage important ; « serviteur-compassion », quand on s'adresse à un bonze ; « serviteur-portant-sur-la-tête-la-divine-adoration-sous-la poussière-la-plus-fine-des-augustes pieds-de-Monseigneur-Maître », pour interpeller le prince Sihanouk. Bref, tout un code, un raffinement, une manière d'être par le son de sa voix et la nature profonde de ses paroles qui prouve que ce langage est bien l'émanation d'une culture millénaire. D'ailleurs, l'harmonie recherchée tel un but en soi se retrouve dans la langue khmère avec l'alternance des longues et des brèves, et ces innombrables redondances qui fleurissent les discours.

Que de circonvolutions ! Et quel bonheur de lire un texte à haute voix pour uniquement « entendre » ce qu'on lit ! A tel point que la forme l'emporte aisément sur le fond, la manière dont on s'exprime éclipsant jusqu'à la vérité des propos. Ainsi, le pouvoir, au Cambodge, est au « beau parleur » depuis la nuit des temps. On ne sait pas ce qu'a dit l'orateur, mais c'était « harmonieux » ! Et qu'importe la pensée de cet homme politique puisque son expression est une musique douce. L'essentiel n'est pas de comprendre, ni même d'écouter, mais bien d'entendre...

François s'adapte. Car il a choisi de voir plus loin que les lettres et les mots, d'oublier par instants les litanies du magnétophone et de scruter la vie au-delà du papier quadrillé où s'alignent ses premières calligraphies. Chaque soir à seize heures, la leçon est finie. Alors, il ouvre « le grand livre du peuple khmer ». En fait, il s'agit d'une simple balade. Les pieds dans la poussière ou sur la terre gorgée d'eau, la marche est sans cesse interrompue. A chaque maison un arrêt, des sourires puis des paroles échangées avec les familles au seuil de leur jardinet clos d'une palissade de bambou ou de bouquets d'aréquiers. Paroles de tous les jours sur l'étouffante chaleur ou l'intensité des ondées, l'état de la rizière et la récolte espérée de paddy, la santé des enfants ou le prix à la hausse des courses de cyclo à Phnom Penh. La vie comme elle va, abordée avec ce vocabulaire qui ne s'apprend pas vraiment dans les ouvrages scolaires. François est à l'affût des termes peu académiques et des tournures entonnées sur les marchés, dans le concert des voix haut perchées. Chaque mot nouveau est disséqué, répété, interprété, saisi dans son sens profond, retenu enfin à l'arraché grâce au travail obstiné de la mémoire. Mais que de douceur, de fraîcheur dans les relations humaines ! La qualité d'accueil commune à tous ces villageois, leur disponibilité presque irréelle, leur bonheur de dialoguer avec ce jeune étranger investi avec tant d'abnégation dans l'apprentissage de leur langue, leur sourire légendaire qui préserve en fait l'intimité des êtres.

François découvre l'obsession de « la face », cette importance vitale accordée à l'image que l'on désire montrer de soi. Surtout ne pas importuner autrui avec ses propres sentiments et provoquer en lui la même déroute personnelle. Annoncer la mort d'un être cher peut se faire avec ce sourire irradiant qui ne traduit pas l'absence de douleur, mais le respect de son interlocuteur qui n'a pas à être troublé par cette mort... La règle de conduite est simple : éviter dans la relation tout ce qui peut engendrer le conflit et ne pas se différencier d'autrui, ne pas se mettre en avant ou prendre une initiative de peur de se retrouver seul, honteux, raillé pour son échec. Les décisions se prennent donc par consensus au sein de communautés qui suivent en fait les directives de ceux qui osent s'exprimer en public, ceux qui parlent aisément. Et même si les membres d'une assemblée partagent en privé leur désaccord, jamais ils ne se risquent à faire perdre la face à un orateur, ou à ruiner leur crédit en avançant quelque opinion divergente. Cette attitude va si loin qu'au cœur du dialogue elle vous oblige à dire ce que l'autre veut bien entendre ! Ainsi, la vérité n'est pas « la correspondance avec le réel », comme la définiraient les Occidentaux, mais avant tout la manière d'aboutir à l'accord parfait qui permet la relation sans conflit.

Mystère. François comprend pourquoi une foule d'ethnologues, d'enseignants ou d'aventuriers ont dessiné un halo de secrets autour du peuple khmer qu'ils n'ont pas réussi à découvrir totalement. Tant de Chinois et de Vietnamiens restent eux-mêmes perplexes dans leur connaissance de l'univers cambodgien ! La qualité de la relation est merveilleuse, mais elle se révèle proportionnelle au mystère de la personne qui ne se livre pas.

La distance est là, béante entre les deux cultures. Mais François ne cherche pas à l'évaluer, tel un handicap, ou à la combler au profit d'une intégration forcée. Non, il vit. Tout simplement. Dans la fougue de ses vingt-six ans, au milieu d'un peuple désormais inscrit dans le cours de sa vie, et avec lequel il n'échange pas seulement les mots clés d'une langue à apprivoiser. Il accompagne les enfants à l'école, étudie avec eux au fond de la classe, consulte les villageois et les maraîchers chinois afin que tous s'associent pour surélever une route qui, à la prochaine saison, ne sera plus submergée par les flots tombés du ciel de mousson. Son potager est la risée de la contrée tant il s'avère peu productif et jardiné trop à l'ombre des grands arbres.

Une faille, cependant. Chruy Changvar est à quelques encablures de Phnom Penh si bien que les amis, les copains prêtres ou coopérants débarquent souvent pour prendre des nouvelles du jeune missionnaire tout juste arrivé et vivant déjà au sein de la population cambodgienne. Visites amicales et paroles en français. Malgré la joie de ces fréquentations, François se juge distrait. L'immersion n'est pas totale. Alors, il repart à la saison des pluies, traverse le Mékong en direction de l'est, pour s'installer à Moat Krasas, à une quinzaine de kilomètres de la capitale, mais cette fois complètement isolé dans une petite communauté chrétienne de 200 âmes.

Cette communauté a été persécutée à la fin du siècle dernier. Deux fidèles furent assassinés et tous les autres dispersés, en 1867, à l'heure des révoltes dirigées au départ contre le protectorat français puis transformées en vengeances locales attisées par des mandarins jaloux. Au bout du compte, le curé de ce village, le père Jean-Baptiste Barreau, connut une mort atroce : il fut décapité et sa tête fut promenée au bout d'une lance. Lui, le libérateur de tant d'aborigènes des montagnes rachetés de ses propres deniers sur le marché aux esclaves. Lui, engagé à corps perdu dans son apostolat au point d'écrire à tous ses confrères gagnés par le scepticisme : « La Providence nous attache au salut du Cambodge. Je suis convaincu qu'on peut y faire quelque chose, mais il faudrait pour cela circuler, voyager dans le pays, tandis que nous restons à poste fixe, sans bouger... » Quatre-vingt-dix-huit ans plus tard, dans un contexte certes très différent, et sans avoir la moindre idée de cette épopée tragique et de ces écrits volontaristes du père Barreau, François s'installe à Moat Krasas dans un élan presque similaire.

Reste là-bas un presbytère en bois, juché sur pilotis, avec des panneaux, en guise de fenêtres, ouvert sur les plantations de papayes, de bananiers, de canne à sucre et de citronnelle à l'odeur entêtante. Champs limoneux et fertiles, mais productions bien aléatoires. Tous les ans, elles sont noyées par le fleuve impétueux et fascinant dont les convulsions arrachent les berges. La terre est trop basse, trop fragile. Elle ne résiste pas au démon liquide sorti de son lit. Force inouïe des éléments que les villageois tentent de se concilier au prix d'une vie en éternel sursis, plutôt que d'essayer de les contraindre. Le Cambodge de cette époque est encore un pays d'abondance. Guère de malnutrition, encore moins de famine. Les besoins sont limités et le soleil en supprime tant ! François s'aperçoit que « travailler » se traduit par « chercher à manger ». Cette tâche assurée, pourquoi se fatiguer inutilement ? Et au nom de quoi harceler ceux qui ne travaillent guère ? Après tout, quelle chance de vivre ainsi ! Il ne viendrait pas à l'idée du petit fonctionnaire en poste à Phnom Penh, qui nourrit parfois à lui seul presque toute sa famille, de juger ses semblables pour cette nonchalance. Au fond, la sérénité prime sur l'activité, la vie spirituelle sur la réalisation.

« Et dire que nous, chrétiens, évoquions parfois la "Vallée des larmes" et ses tourments jugés féconds lors de cours d'instruction religieuse dispensés aux jeunes de ces villages, se souvient aujourd'hui François. "Que signifie donc cette souffrance ? nous rétorquaient les élèves effarés. La vie, c'est la joie !" Et ils repartaient, après la classe, couper des régimes de bananes et les immerger dans des jarres remplies avec un peu de carbure afin de les faire mûrir, pour les vendre ensuite au marché et récolter assez d'argent pour subsister le reste de la semaine en cessant toute activité. Pas vraiment de souci, même pour le paysan qui s'exténuait à labourer, repiquer et moissonner la rizière, mais s'accordait ensuite un long repos mérité. Du coup, la disponibilité était immense. Pour la rêverie, la flânerie, l'accueil spontané d'autrui. J'en ai tant profité pour élargir sans cesse le registre de mon langage et assouvir ma curiosité des hommes et de leur culture. »

Au bout de quelques mois, François ne s'arrête plus au seuil des maisons. La glace est rompue et, selon l'expression consacrée, le voici « à mort-à vie » avec les Cambodgiens qui le reçoivent chez eux et le regardent monter l'escalier abrupt au nombre de marches toujours impair (l'inverse porterait malheur) menant à leur maison sur pilotis.

Une grande pièce centrale au sommet, celle où l'on mange, où l'on discute avec ses invités, bordée par des tentures ou de petites cloisons de bois qui encadrent les chambres, avec des nattes déroulées à même le plancher. Aucune porte. Un mobilier plus que réduit. Presque pas d'objets personnels. D'ailleurs, l'intimité n'existe pas telle que les Occidentaux la revendiquent et la respectent. Entrer dans une pièce sans prévenir, jeter un œil appuyé sur la lecture d'autrui et parcourir son courrier ne gêne personne. Un autre art de vivre, mais aussi d'éduquer ses enfants. Ceux-ci sont élevés par osmose avec le monde des adultes, calés dès les premiers mois sur la hanche de leur mère ou de leur grande sœur. La société de type patriarcale leur inculquera les règles intangibles de la vie, la hiérarchie des valeurs, la politesse, l'entraide, la gratitude filiale et le respect des bonzes. Pour l'instant, ils sont les maîtres de la famille, jamais soumis à aucune discipline, sevrés seulement à l'âge de deux ans et demi. Plus tard, ils iront à l'école « si cela leur plaît ». Mais gare à eux, alors, s'ils provoquent la colère de leurs parents, car celle-ci sera souvent violente.

François observe intensément et tend l'oreille à tous les sons qui lui deviennent familiers pour découvrir, petit à petit, la vraie nature d'un peuple qui lui tend les bras. « Décidément, Descartes n'a pas franchi le canal de Suez », constate-t-il sans arrêt. Difficile en effet d'entrer dans la mentalité d'êtres nettement plus intuitifs que discursifs et de s'adapter aux conversations, « où il faut deviner plus qu'entendre, écouter d'abord avec son cœur ». Bien sûr, et comme tous les Khmers, il vit sans cesse sous le regard d'autrui, à cause de cette fantastique obsession de « la face ». L'être véritable n'est-il pas celui que l'on désire avant tout montrer ? Car, selon la théorie bouddhique, le sujet personnel n'existe pas. Il n'y a que des actes, mais pas d'acteurs et se croire un sujet est une illusion.

Le « paraître » est d'ailleurs si important que François en vient naturellement à marier son comportement avec les injonctions du mode de vie khmer : ne jamais regarder quelqu'un dans les yeux, attitude hautaine et méprisante ; respecter l'avis des aînés qui ont toujours raison, comme dans toute société agraire fondée sur l'expérience ; ne pas montrer du doigt, ce geste obscène qui transperce l'autre ; s'initier au langage non verbal et au bonheur serein d'être ensemble en silence ; appréhender les rapports personnels quand on ne se connaît pas, c'est-à-dire évaluer l'autre, son âge, son niveau d'instruction, son rang social, pour savoir comment l'appeler et quel niveau de langage employer, dans ce pays où chacun naît situé dans sa famille et dans la société.

Exquises règles de politesse... Quelle différence, à Moat Krasas, avec la communauté vietnamienne d'à côté où les criailleries collectives, les sempiternelles querelles de voisinage et les chamailleries aiguës sont le témoignage foisonnant de la vie ! A l'inverse, dans le village de François, le trait de morale qui consiste à ne pas s'occuper des affaires d'autrui est largement respecté. Chacun est maître derrière sa haie de bambou. Qu'une dispute éclate et les voisins écoutent sans être vus, rient parfois à se tordre et se rouler dans la poussière, mais ne se mêlent jamais du différend observé. Tout le monde sait tout. De tout le monde. Mais personne ne dit rien.

Harmonie et paix, tandis que le bouddhisme renforce cette structure traditionnelle où chaque personne a sa place et son rôle définis en fonction de son karma. Ainsi, la notion de justice reste floue et il est pratiquement impossible de se rebeller face à l'autorité suprême. Finalement, cette société bloquée apparaît à François comme une grande famille avec, au sommet de la pyramide, le roi appelé « Préah », ce qui signifie « la personne illustre ».

Justement le voici, ce roi, ou plutôt ce prince, nommé ainsi depuis qu'il a abdiqué en faveur de son père en 1955 afin de créer son propre mouvement, le Sangkum, et de se présenter aux élections, ce que la constitution ne permettait pas au roi. Naturellement vainqueur de la consultation et de toutes celles qui suivirent, « Samdech Euv » (« Monseigneur Papa », comme il aime tant se faire appeler par ses sujets assimilés à ses enfants) est le maître incontesté, adulé du

Cambodge et « père de son indépendance ». Petit monarque versatile, colérique, charmeur et despote, autocrate et populiste, il reste doué d'un sens politique peu commun et c'est en équilibriste de haut vol qu'il maintient son pays à l'écart du conflit qui embrase l'Indochine et singulièrement le Viêt-nam.

François le découvre pour la première fois au début du mois de septembre 1966. Mais ce n'est pas le prince virevoltant qui le subjugue. Non, c'est un grand général français, dont le képi à deux étoiles dépasse de deux têtes au moins le visage poupin du prince Sihanouk à ses côtés. De Gaulle est au Cambodge ! Sa visite officielle deviendra historique, en raison de son discours prononcé dans le stade olympique de Phnom Penh devant 100 000 personnes, parmi lesquelles François qui a quitté sa retraite studieuse à Moat Krasas pour l'occasion.

« Jeux de panneaux » dans les gradins, grâce à 20 000 élèves qui assemblent le puzzle les bras tendus et font apparaître un portrait géant du président français accompagné d'un immense drapeau tricolore. Litanies d'un millier de bonzes à la gloire du général. Au milieu de ces démonstrations, de Gaulle évoque la guerre qui gronde aux portes du pays, « le déchaînement de massacres et de ruines qui menace son propre avenir ». Sans ambages, il regrette que la région soit devenue un « terrain d'affrontement pour les idéologies rivales », ouvert à l'interventionnisme américain. Face à la situation qui empire au Sud Viêt-nam, il avoue soutenir de toutes ses forces « l'effort déployé par le Cambodge afin de se tenir à l'écart du conflit ». Haut et fort, il appelle de ses vœux un accord politique capable de « garantir la neutralité des peuples et leur droit à disposer d'eux-mêmes ». « Où donc mieux qu'à Phnom Penh, conclut-il, aurais-je pu formuler cette attitude et cette espérance, puisque ce sont celles du Cambodge, puisque le royaume, au milieu de l'Indochine déchirée, apparaît comme un modèle d'unité et d'indépendance ? »

François n'oubliera jamais ces propos. Entièrement concentré, alors, sur l'apprentissage du khmer dans son village au bord du Mékong et peu concerné par la situation politique du Cambodge, il mesure tout à coup l'extrême fragilité de la paix qui berce encore son petit pays d'adoption. Et si l'ouragan maléfique de l'Histoire devait un jour s'y déchaîner au point d'engloutir jusqu'à « l'inimaginable douceur de vivre » ? De Gaulle a été clair : il redoute que « l'univers ne roule vers la catastrophe »...

4

Bouddha, Brahmâ et les génies fonciers

Soudain, l'atmosphère retentit d'un grondement sourd, continu, pas toujours perceptible et ponctué de très lointaines secousses, qui semblent faire trembler l'horizon. Le bruit vient de l'est, c'est-à-dire des hauts plateaux du Viêt-nam qui s'étendent au-delà des provinces de Mondolkiri et de Ratanakiri. La piste Hô Chi Minh, partie du port nord-vietnamien de Vinh où accostent les cargos chinois et soviétiques, traverse par endroits ces deux territoires enclavés. Et c'est de ce long couloir taillé dans les entrailles de la jungle étouffante que provient le roulement lointain. La voie clandestine est la cible des B 52 américains qui, la nuit venue, déversent leur tapis de bombes géantes sur la lisière du Cambodge dont le seul tort est finalement d'être frontalier d'un pays en guerre. Les avions à long rayon d'action sèment la mort et la désolation sur des milliers d'hectares volatilisés. Qu'importe ces destructions massives pour les stratèges américains pourvu que l'artère vitale des communistes de Hanoi, qui acheminent matériel et munitions à leurs « frères » vietcongs au sud du 17e parallèle, soit régulièrement coupée, hachée, éventrée par ce pilonnage qui s'entend jusqu'à l'intérieur du Cambodge.

Porté par les vents d'orient, le bruit parvient comme une menace aux oreilles de François, isolé comme jamais dans le tréfonds du pays. Quittant Moat Krasas, il est parti au bout du monde, bien plus loin que Kompong Cham et Kratié, s'installer à Stung Treng, minuscule capitale d'une province située en bordure du Laos et au confluent de la Srèpok et de la Sékong, deux larges rivières sorties des profondeurs de la forêt tropicale. Seul point commun avec son ancien port d'attache : le Mékong, toujours là, majestueux, coulant au gré de la grande alternance climatique qui le transforme en maigritude ou en large coulée brunâtre. Sur ces berges, quelques centaines de bâtisses en bois, une petite ville engourdie et rétrécie, avec ses tristes bâtiments administratifs peuplés de fonctionnaires cambodgiens qui constituent, avec leurs familles, la plus grande partie de la population khmère de Stung Treng. Le reste des habitants – la majorité – sont d'origine laotienne dans cette région qui appartenait encore au royaume du Million d'Eléphants il y a un siècle, avant d'être récupérée par le Cambodge.

Cette fois, parler d'immersion est un euphémisme car le plus proche confrère de François est à quatre cents kilomètres ! « Heureusement que j'avais les nerfs solides, avoue-t-il aujourd'hui. M'envoyer là-bas ! Une folie de la part de mes supérieurs. Et sauter sur l'occasion d'y aller, partir “la fleur au fusil”, quelle inconscience de ma part ! C'est peu dire que je dissuaderais, aujourd'hui, un jeune missionnaire de tenter l'expérience... Et pourtant, à l'époque, cette solitude et cet isolement ne m'ont pas vraiment pesé. Une volonté importait plus que tout : mieux connaître les Khmers, m'imprégner de leur langage et de leur pays à jamais. »

Les cours se poursuivent, très informels désormais, puisque dispensés par un enseignant qui n'est autre que le cuisinier de François, par ailleurs fabricant de jarres à Stung Treng. Tant elle est fastidieuse, la leçon paraît éternelle. Répétition des mots nouveaux, des termes a priori imprononçables et des expressions inédites, glanées dans le concert des conversations de la rue. Puis lecture de la littérature khmère classique, écoute astreignante de la radio et revue des journaux. Heureusement, il y a un collège au centre de la ville endormie. François y fait bientôt la classe en français et reçoit en retour des cours sur la littérature cambodgienne. Surtout, il noue dans cet établissement des relations amicales avec des professeurs et des élèves. Ces derniers envahissent parfois sa maison, viennent écouter la radio et entendent la voie criarde de Sihanouk qui dénonce sans relâche l'attitude des Américains. Ils violent selon lui l'intégrité du royaume avec leurs bombardements sur la frontière. Non, il ne participera pas, en échange d'une aide économique et militaire, à leur grande croisade contre les communistes vietnamiens ! Et puis, jure-t-il, ces Yankees sont si brutaux et maladroits, qu'ils « attirent eux-mêmes les communistes comme le sucre les fourmis ».

La rupture est totale. Deux ans plus tôt, en 1965, le petit monarque virevoltant a rompu avec les Etats-Unis ses relations diplomatiques, se privant d'une assistance comptée en centaines de millions de dollars. Le Cambodge s'en sortira sans eux, proclame-t-il à force de rodomontades endiablées qui impressionnent les étudiants de Stung Treng. « Les paroles enflammées de “Samdech Euv” les galvanisaient, se souvient François. Ils croyaient leur nation invincible, capable de ne faire qu’une bouchée de l’Oncle Sam. Pour tempérer leur ardeur, j’ai déplié devant leurs yeux ébahis une carte du monde, désignant tour à tour le Cambodge et les Etats-Unis. L’affolante disproportion les a fait réfléchir. Très vite, ils ont mis un bémol à leurs diatribes et pris du recul face au bourrage de crâne. Leur crédulité s’est évanouie. » Une réaction peu fréquente au Cambodge et dans cette civilisation où chacun, si peu rompu à l’examen et au jugement rationnels, reste prisonnier d’une attitude non critique face au monde, aux légendes, aux phénomènes merveilleux... et bien sûr aux prédictions du Prince.

Celui-ci a plus d’un tour dans son sac. Mais il joue avec le feu lorsqu’il laisse se dérouler une autre piste de ravitaillement des maquisards vietcongs, cette fois en plein cœur du territoire cambodgien. Débarqués dans le port de Kompong Som, des convois bien gardés remontent vers l’est à destination de leurs fameux « sanctuaires » implantés à l’intérieur du Cambodge, véritables camps retranchés à l’abri de la frontière, avec dépôts d’armes, hôpitaux, camps d’entraînement et zones de repos réservées aux révolutionnaires vietnamiens. Un jour, ces refuges si peu clandestins lui coûteront très cher, ainsi qu’à son peuple tout entier.

Pour l’instant, François ignore à peu près tout de ces accommodements risqués. Sa curiosité est seulement éveillée par des files de camions préférant rouler la nuit. « On bâtit une usine près de Ratanakiri et nous transportons le matériel de construction », répondent les chauffeurs. Méfiance néanmoins, qui finit par se diluer, s'oublier dans l'immense paix de la contrée préservée. Tous les déplacements sont encore possibles. Les équipées vers les fabuleuses chutes de Khônes, l'exploration passionnante du refuge boisé des ethnies montagnardes, enfin les allées et venues sur le Mékong, vers Phnom Penh où François s'accorde parfois quelques jours de détente.

Tous ces voyages se font en bateau. L'embarquement a lieu à la tombée du jour, puis vogue la chaloupe, dans la douce moiteur de l'air nocturne. François dort dans un hamac, au son régulier du moteur qui s'apaise à chaque accostage effectué auprès d'embarcadères égrenés tout au long du fleuve. A la saison sèche, quand les langues de terre friable apparaissent sur les rives découvertes, le chenal se rétrécit et la coque vient frôler le fond secret du Mékong. Après l'abordage des pontons, il faut alors désensabler le navire à l'aide de violents tangages provoqués par les voyageurs qui courent en rangs serrés d'un bord à l'autre du navire. Cris lancés dans la nuit, plaisanteries de l'équipage et vaste rigolade entre les passagers. Dieu, que la guerre qui gronde aux marches du royaume paraît lointaine et ses fureurs étrangères au peuple khmer !

L'affectation suivante de François renforce encore cette impression de paix, de sérénité imperturbable. Cap sur l'ouest du Cambodge, à l'opposé du Viêt-nam et des rebords de la cordillère annamitique. Battambang, cité aux blanches maisons coloniales ornées de balcons vert foncé et au marché central bourdonnant comme une ruche, est la capitale d'un « grenier à riz ». Ainsi appelle-t-on cette province fertile adossée à la Thaïlande grâce à laquelle le Cambodge assure son autosuffisance alimentaire. Rien à voir avec la région de Stung Treng. Avec ses villages prospères plus homogènes, les environs de Battambang sont voués à la culture de l'élément clé du paysage, la « srê », la rizière, qui occupe la quasi-totalité de la population. Enfin, les chrétiens se comptent par centaines dans cette contrée jadis annexée au Siam, mais évangélisée depuis la fin du dix-huitième siècle. Simon Chhen Yen, le premier prêtre khmer ordonné en 1957, en est originaire. Dix ans plus tard, le voilà justement qui administre la paroisse de Battambang, l'une des plus importantes du Cambodge, où François se rend avec un but bien précis : apprendre le « cambodgien-chrétien », cette manière de parler ancienne, héritée des premières générations de baptisés qui exprimaient leur foi de manière un peu maladroite et même erronée.

Difficile de se lancer dans une pastorale sans connaître ce langage propre aux communautés catholiques qui l'utilisent pour simplement exprimer leur foi. Les études linguistiques recommencent, entreprises cependant avec un atout formidable : la connaissance, bien acquise au cours des deux années précédentes, du khmer parlé dans les villages et les pagodes. Ainsi, François réussit-il à comparer les deux langages, à les rendre complémentaires et à les assembler peu à peu, corrigeant bien des termes malheureux dans l'expression de l'Eglise, rendant sa parole plus compréhensible au peuple khmer, et surtout mieux accordée à sa mentalité. De cette alchimie inédite naît, non pas une traduction mot à mot, mais une véritable retransposition du texte d'un « Petit catéchisme » dans la culture cambodgienne. Enfin, la « khmérisation liturgique », qui ne concernait jusqu'ici que l'ordinaire de la messe, commence à s'étoffer.

Depuis quatre siècles, l'Eglise du Cambodge offre un visage foncièrement étranger. En plus des Portugais, premiers conquérants spirituels du pays à partir de 1555, ce sont en effet des groupes de chrétiens asiatiques, notamment japonais et vietnamiens persécutés dans leur propre pays, qui ont formé les premières communautés, bien avant l'arrivée des missionnaires qui leur étaient destinés et plus de deux cents ans avant l'instauration de la tutelle française. Durant les quatre-vingt-dix ans de ce protectorat, si l'Eglise se développe effectivement, elle reste perçue comme intimement liée aux forces extérieures et particulièrement aux Vietnamiens, arrivés de Cochinchine dès la fin du seizième siècle et jugés plus « entreprenants, travailleurs et organisés » par les colons français. Davantage que les Khmers, ces immigrés sans terre, plus pragmatiques et industrieux, pétris d'une incroyable capacité d'adaptation et d'initiative, sont prêts à se déplacer n'importe où dans le pays et souvent au gré de la formation des villages catholiques. Et ce sont là les seuls endroits où les chrétiens du Cambodge peuvent vivre leur foi, regroupés autour de leur église, détachés du pouvoir de leurs génies locaux et soustraits à la pression psychologique de leurs compatriotes non chrétiens.

Les missionnaires eux-mêmes se tournent vers ces « enfants perdus de l'Annam » et les trois groupes de Phnom Penh, Battambang et Moat Krasas, qui forment le berceau de l'Eglise locale, se transforment en annexes de communautés annamites créées dans leur voisinage. Nombre d'écoles sont animées par des religieuses vietnamiennes dont les congrégations ont pignon sur rue à Phnom Penh. Viendra même un temps où les nouveaux missionnaires, s'attachant d'abord à la langue vietnamienne, n'apprendront plus le khmer tandis que les futurs prêtres du Cambodge seront formés au séminaire de Saigon ! Lorsqu'on mesure l'antinomie culturelle, l'opposition viscérale, le mépris réciproque et pour tout dire la haine existant entre les deux peuples et pays voisins, on ne s'étonne pas de constater que l'Eglise soit apparue, aux yeux des Khmers, comme une institution « vendue » aux étrangers honnis.

Depuis longtemps, des prêtres dénoncent pourtant cette confusion si préjudiciable, convaincus que leur apostolat les engage vers le peuple khmer dont une toute petite minorité reste malgré tout intégrée à l'Eglise. François s'inscrit dans leur lignée, accompagné par des missionnaires de sa génération. Cette « quête de khméritude » va, selon eux, dans le sens de l'Histoire et suit les orientations du concile Vatican II : « Une Eglise n'est vraiment fondée que lorsque de son sein sont issus des évêques, des prêtres au service de leurs frères. » Le concile invitait par ailleurs à reconnaître les diverses religions comme autant de « réponses aux énigmes cachées de la condition humaine »... Un comité de traduction, mis en place pour fournir des textes aux paroisses qui, dès 1964, célébraient la liturgie intégralement en khmer, prend donc l'avis de moines bouddhistes versés dans les études littéraires. Pas de doute, l'acculturation est en marche. A tel point qu'à Battambang, en 1967, François, allié au père Simon Yen et à quelques autres, propose de célébrer la Toussaint en septembre, à la date du Pchoum Ben, la grande fête des morts. Initiative accueillie dans la joie et couronnée de succès. « Enfin, les chrétiens cambodgiens peuvent aussi être khmers ! »

Pas facile, cependant, d'abandonner des formules connues depuis l'enfance et présentées comme garantes de l'orthodoxie et de l'unité de l'Eglise. D'autant que cette évolution signifie l'abandon du latin, la langue « sacrée », pour adopter celle des « païens », alors que les bouddhistes conservent la récitation de leur loi en langue palie. Malgré tout, l'expression de la foi s'enracine dans la culture. De nouvelles églises s'érigent selon les canons de l'art « néo-khmer », qui inscrit dans les bâtiments modernes les lignes de construction angkoriennes. Des scènes évangéliques, dessinées sur le mode des peintures naïves de la vie de Bouddha qui décorent les pagodes, apparaissent dans l'abside de la vieille église de Battambang. Des jeunes de Phnom Penh créent à leur tour des adaptations scéniques de récits de la Bible dans le pur style de la tradition théâtrale khmère. Et un peu partout, des Vierge à l'Enfant inspirées des Apsaras, divinités féminines d'Angkor, remplacent les Madone de la Renaissance italienne.

Même les communautés vietnamiennes doivent s'inscrire dans cet élan. Il leur est demandé de ne pas s'enclaver dans une quelconque résistance linguistique au risque de constituer des îlots catholiques différents, mais de participer à la vie de l'Eglise de leur pays d'accueil, en s'adaptant, notamment, par une autre manière de dire Dieu et sa foi. Ce travail de pédagogie auprès de communautés vietnamiennes est en partie confié à François qui doit repartir sur le cours du Mékong, au nord de Kompong Cham, près d'un village enlacé dans une large boucle du fleuve :

Kdol Loeu, qui, avec ses trois paroisses vietnamiennes et sa petite communauté khmère, est aussi pauvre matériellement qu'intellectuellement, car composée d'anciens montagnards esclaves, rachetés en 1863 par le père Lazare, grand fondateur de ces communautés chrétiennes.

Mais comment favoriser cette évolution des populations vietnamiennes sans parler au départ leur propre langage ? C'est reparti pour une nouvelle formation ! Le parler du grand et long pays voisin, son alphabet romanisé par Alexandre de Rodhes et ses tournures employées dans l'expression religieuse vont faire partie de la panoplie linguistique de François, après trois mois de cours assidus à Banam. Ce village vietnamien est situé non loin de la voie reliant Phnom Penh à Saïgon, près de la ville de Neak Luong, largement connue pour son incontournable bac.

Là-bas, le travail par les sons et les mots mène à la découverte d'une autre partie de l'Asie, nettement plus « enchinoisée », plus « lettrée » car influencée par les préceptes de Confucius, plus peuplée aussi. Ses deux grands deltas – celui du fleuve Rouge au nord et celui du Mékong au sud qui appartenait jadis au Cambodge – sont des fourmilières infinies où chacun mène un combat quotidien entre les arroyos pour échapper à la misère qui englue. Pourtant, cette lutte individuelle, féroce, dans la mêlée, n'est jamais résignée ni déprimante. Elle transmet même aux Vietnamiens une énergie farouche. Car tous croient en leur étoile, même ceux qui quittent leur pays, poussés par la faim, le manque de place pour survivre, les bombardements aveugles des Américains ou la guerre civile, et qui émigrent au Cambodge malgré l'hostilité déclarée des Khmers. Avec une barque et un filet, ils pêchent jour et nuit dans le fleuve nourricier, vendent leurs poissons sur les marchés, prospèrent lentement. Certains se reconvertissent parfois dans l'artisanat de service ou de production, secteur juteux qu'ils tiennent en coupe réglée dans le pays tout entier, au grand dam des Khmers, ces hommes de la rizière dont le dernier souci est bien de s'exténuer pour dominer le monde qui les entoure. Eclatant contraste entre les deux peuples que François côtoie à Kdol Loeu. Et pourtant, les chrétiens vietnamiens apprennent la liturgie en khmer contre une juste place accordée dans cette Eglise qu'ils auraient souvent tendance à « satelliser », là encore grâce à leur dynamisme foncier.

Que de détours, de palabres, d'efforts et d'écoute pour mener ces hommes que les Cambodgiens appellent les « yuons » sur cette voie de l'intégration fragile ! Mais la force de François réside dans la confiance que chaque communauté lui accorde parce qu'il parle leur langue, se coule dans leurs civilisations contraires et connaît les ressorts de leurs esprits respectifs. Du coup, le père André Lesouëf, préfet apostolique, le nomme, le 15 août 1969, curé de Kompong Cham, la troisième ville du pays en importance, située au nord-ouest de Phnom Penh avec un port sur le Mékong aménagé lors du protectorat.

Le voici, à trente ans, pour la première fois à la tête d'une paroisse et en charge d'une église de pur style colonial, avec son autel face au mur et décorée en plein chœur d'une statue de Jeanne d'Arc. Un seul et unique dimanche, il célébrera la messe sous l'œil de la Pucelle en tournant le dos aux fidèles. Dès le lundi suivant, il démonte l'autel et le retourne avant de décrocher Jeanne d'Arc, « qui trônait telle une aberration théologique », et de la remplacer par une simple et belle croix en bois d'ébène. L'ancien curé proteste, hurle qu'il ne remettra pas les pieds dans l'édifice saccagé. Broutilles ! Ce n'est pas ce monument où les pratiquants si peu nombreux semblent esseulés et figés dans la pierre qui importe, mais l'Eglise avec un « E » majuscule, celle à bâtir, justement, dans cette région où la mission de François est claire : effectuer une « percée » chez les Khmers qui ne représentent que quelques centaines de baptisés.

Le fleuve, encore et toujours. Il est la noble voie pour rejoindre les communautés implantées sur les rives. C'est auprès d'elles, à force d'études, de paroles écoutées puis recoupées, qu'il s'initiera à l'univers religieux des Khmers. Investigations passionnantes qui débutent par l'observation de ces petites maisons fichées sur des pieux ou perchées dans les arbres à l'entrée des villages, où logent les « Néak Ta », les génies fonciers de l'animisme, maîtres de la terre au regard des paysans khmers. Surtout ne jamais oublier de leur rendre un culte : offrir des bâtonnets d'encens, des bougies, de l'alcool, des bananes et parfois une tête de porc, un poulet cru ou cuit. D'autant que d'autres génies sont à l'œuvre, souvent appelés « divinités ». Et tous ces esprits, celui du fleuve, de la forêt, de la musique que l'on invoque pour jouer un air, ou de la danse que l'on salue avant de monter en scène, interviennent profondément dans la vie quotidienne. Protecteurs ou ennemis, ils assurent le rythme des saisons, l'abondance des pluies, la fécondité du sol ou la profusion des récoltes. La maladie ne vient donc pas des microbes, mais de leur colère, suite à un manque de respect ou à la mauvaise action d'un membre de la famille.

François découvre les forces occultes et la manière dont les Khmers, qui y croient de toute leur âme, tentent de se les concilier. Ainsi, à chaque voyage sur le Mékong, remarque-t-il tous ces navires décorés à l'avant de deux yeux censés effrayer le génie de l'eau. Un autel est même aménagé sur la proue des chaloupes. Avant le départ, les marins le couvrent de colliers de fleurs ou le piquent de bâtonnets d'encens pour s'allier la divinité du fleuve, à laquelle sont d'ailleurs attribuées les noyades.

Le grand couvert végétal, qui occupe les deux tiers du Cambodge, est bien sûr le lieu du non-domestiqué, de l'imprévu. « Prey khmaoch », la « forêt aux esprits », où un face-à-face est toujours possible avec ces génies que même les catéchistes avouent avoir vus, au sommet des arbres ou dans la lumière du soleil de midi, sous l'apparence d'un vampire, avec un visage de femme ébouriffée.

La langue khmère est aussi pétrie d'allusions à ces croyances. Le paludisme, par exemple, s'appelle « Kroun Chanh », « fièvre du vaincu ». Car, en changeant de territoire, le patient est « vaincu par l'eau et la terre », c'est-à-dire par son propriétaire, le génie foncier qu'il n'a pas assez honoré. On connaît aujourd'hui l'explication médicale de ce phénomène : les anophèles vecteurs du *Plasmodium falciparum* vivant dans des périmètres précis, les paysans sont immunisés sur leur territoire, mais exposés ailleurs aux espèces parasitaires différentes. Comment les initier à ce raisonnement scientifique ?

« Il est incroyable de voir comme cette évidence culturelle résiste à tous les changements », s'étonne François, observant au passage que des religieuses continuent de croire à l'existence des génies, même après des décennies de vie consacrée. Enfin, sa connaissance de la Bible l'aide à relativiser toutes ces découvertes : « L'Evangile est aussi fourni de récits d'exorcisme, se dit-il, de démons qui rendent muets, malades ou courbés à jamais. Au fond, cela ne surprend que les esprits rationnels des Occidentaux. Mais, que ces derniers le veuillent ou non, c'est dans ce contexte que Jésus-Christ a apporté au monde la bonne nouvelle d'une libération. » La preuve, donc, que l'on peut s'affranchir facilement de ces esprits qui enserrent l'existence des hommes.

Cependant, François s'aperçoit que c'est avant tout le bouddhisme, arrivé au Cambodge dès avant l'ère chrétienne, qui a modelé l'âme khmère, sans pour autant faire reculer l'animisme. Car les deux se marient harmonieusement ! Le second organise la vie en ce monde et lui donne une explication mythique ; le premier l'oriente vers l'avenir, la vie future.

Dieu qu'il paraît déjà loin, ce voyage en Méditerranée puis en mer de Chine sur l'*Irrawaddy*, à bord duquel François était pris de vertige face à l'univers religieux des Khmers ! Trois ans plus tard, il le connaît presque comme la langue cambodgienne et l'appréhende tel un décor familier. Toutes ses visites de pagodes aux toits vernissés, bâties à l'écart des villages dans le grand jardin calme des palmiers, ses rencontres passionnées, ses interminables discussions toujours sereines avec les bonzes en robe safran lui ont appris à connaître Bouddha.

La doctrine du « karma », provenant de l'hindouisme, a été intégrée au bouddhisme, mais François mesure à quel point elle reste vivante chez les Khmers. Selon eux, toute action produit un effet, positif ou négatif, une charge de mérites ou de « démérites » qui affecte l'énergie vitale composant l'intime de l'être et qui s'incarnera successivement en de nouvelles vies, jusqu'à la purification totale. Surtout, notre vie présente porte le poids de tout ce dont cette énergie vitale s'est chargée dans les générations passées. D'où une attitude résignée face à son propre sort – « nous n'y pouvons rien, nous payons ce que nous avons fait lors des vies antérieures » –, mais aussi un sens élevé de la responsabilité individuelle de ses actes. Enfin, personne ne peut modifier le karma de l'autre – « c'est celui qui mange qui est rassasié » – et il faut « s'aider par soi-même », sans rien attendre ni d'autrui ni des dieux. « Est-ce une religion ou un art de vivre ? » se demande François à propos du bouddhisme. Peut-être un peu les deux, admet-il à force de réflexion. Certes, il est d'abord un enseignement moral insufflant à l'homme une juste vision du monde, sans recours à une divinité, ni lien avec un dieu personnel. En revanche, il possède toutes les caractéristiques sociologiques et spirituelles d'une religion dans la manière dont il est vécu : il oriente l'homme vers un système de valeurs qui dépassent de loin l'horizon purement humain, vise à son salut en ce monde et dans l'au-delà, s'accompagne d'un culte et de liturgies collectives, génère un clergé.

Pour Bouddha, peu importe qu'il y ait des dieux ou qu'il n'y en ait pas, remarque François. L'essentiel est de mener une vie digne et de trouver une explication et une solution existentielles à la souffrance universelle des êtres. C'est pour cela que dans sa jeunesse vécue au nord de l'Inde, et donc sous influence de la religion brahmanique, il a rejeté les croyances mythologiques les plus fantaisistes du monde indien qui, selon lui, détournait l'homme de sa fin ultime.

Et pourtant, l'univers sacré des Khmers se révèle aussi marqué par le brahmanisme. Les importantes colonies indiennes venues peupler le bas Cambodge, avant l'ère chrétienne, y ont incrusté leur mythologie. François l'a cerné dès sa première visite à Angkor, la « cathédrale de la forêt », où il se perd en toute liberté à l'occasion des vacances de Noël. Ces temples irréels, datant du douzième siècle, avec leurs pierres assemblées dans la jungle et parfois enlacées par les tentacules des arbres géants, ont été reconnus par tous les régimes successifs comme symboles de la nation khmère. Et ils expriment, sur un mode artistique, la croyance en un Dieu suprême et « tout-puissant » aux quatre visages, appelé Brahmâ. Magie des temples angkoriens qui reflètent un monde que l'on a cru englouti à tort : au centre s'élève la colline représentant le mont Meru, séjour des dieux qui assurent la fécondité du sol. Les gracieuses Asparas incrustées dans les murs sont là pour distraire les divinités, tandis qu'au centre de la ville d'Angkor Thom, jadis capitale de l'empire khmer, le Bayon rayonne avec ses tours sculptées à l'image du roi divinisé en Bouddha. Mais dans cette statue énorme, les Khmers discernent plutôt Brahmâ, le protecteur, qui regarde dans les quatre directions.

Tant de lignes architecturales, de gestes et d'effigies aux quatre visages rappellent au Cambodge les survivances du brahmanisme ! Les cônes qui dominent tous les édifices du Palais royal ou des pagodes, les danses royales si connues dans le monde entier et qui incarnent ce monde indianisé, enfin le « Phnom », la colline dominée d'un tombeau conique en plein centre de la capitale, qui fait communiquer le ciel et la terre, assure la prospérité du pays et remplit une vocation surnaturelle.

Un petit pays de sept millions d'âmes, toutes marquées par l'animisme, le brahmanisme et surtout le bouddhisme. Et puis cette cohorte de génies fonciers, ces divinités qui scrutent les hommes et cette voie vers la sagesse idéale... Incroyable foisonnement spirituel et sacré dans lequel François se faufile, se documente, se cultive, s'imprègne des croyances des autres, au point de vouloir un jour reformuler ses propres convictions afin qu'elles sonnent juste et s'intègrent avec pertinence dans le grand concert religieux ambiant.

Il est trop tôt, encore, pour qu'il parvienne à dire Jésus-Christ avec des mots nouveaux, dénichés grâce à la connaissance conjointe de la Bible et des profondeurs de cette civilisation étrangère, et qui correspondront enfin aux représentations du monde religieux des Cambodgiens. Ce sera pour bientôt. Un jour prochain, mais tout au bout d'une traversée de la nuit.

5

Le commencement de la fin

Il est treize heures en ce 18 mars 1970. La saison sèche va sur sa fin et la chaleur accablante se déploie au beau mitan du jour, tandis que le soleil à son zénith irradie l'atmosphère. L'heure de la sieste est soudain troublée par un véritable coup de tonnerre ; la radio crachote une annonce aux allures de déflagration : Sihanouk est renversé par le général Lon Nol, celui-là même que le prince avait imposé au Parlement comme Premier ministre l'année précédente ! A peine croyable. Et pourtant « Samdech Euv » ne remettra pas les pieds sur le sol cambodgien. Revenant d'URSS, où il a appris sa destitution en voyage officiel, le souverain se rend aussitôt à Pékin, où il est accueilli tel un chef d'Etat... en exil !

Que s'est-il passé ? Simplement la réaction cinglante des militaires, d'une bonne partie des députés conservateurs et de la droite affairiste, révoltés par le soutien accordé aux communistes vietnamiens qui prolifèrent dans leurs « sanctuaires », et menacés dans leurs intérêts par la crise économique persistante, en partie provoquée par la rupture avec les Etats-Unis. De plus, l'étoile de Sihanouk a pâli ces dernières années, du moins parmi la population urbaine. Ses volte-face politiques incessantes déconcertent jusqu'à ses plus fidèles lieutenants. Ses caprices de prince et ses films narcissiques n'amusent plus personne. Et des scandales impliquant ses proches et sa famille finissent par écœurer ses sujets, même s'ils ne font que refléter la corruption ambiante. L'adoration a des limites...

Qui sait, aussi, si les Américains impatients de pouvoir intervenir au Cambodge, ce « *pocket kingdom* » dont le destin leur échappe, et d'en découdre avec les vietcongs qui reconstituent leurs forces dans leurs refuges frontaliers, n'ont pas fomenté le coup d'Etat en sous-main via leurs agents de la CIA ? Jamais la preuve ne sera apportée. Mais la suspicion court toujours...

Fini la paix, l'indolence adoptée en rythme de vie, le bonheur niché dans les familles à l'abri des douleurs et des séparations d'une guerre, le droit de flâner n'importe où, dans les vallées grandes ouvertes des fleuves et dans l'échiquier éternel des rizières vertes, la couleur de l'espoir. Le tourbillon de l'Histoire happe le petit Cambodge jusqu'ici préservé, tel un anachronisme mélodieux, dans l'Indochine à feu et à sang.

Et pourtant, il ne se passe presque rien à Kompong Cham durant dix jours. Le calme perdure, ou plutôt l'écrasement. La léthargie d'un peuple groggy, désarçonné. « Le ciel est bouleversé, confient les paysans à François. Comment allons-nous faire la rizière, puisque le roi n'est plus là pour faire pleuvoir ? » Car lui aussi est doué de prégoratives divines selon le brahmanisme : par les vertus de son onction royale, il fait communiquer le ciel et la terre et fertilise ainsi la contrée. D'ailleurs, à l'orée de chaque saison des pluies, qui coïncide avec le début de l'année khmère, le souverain traçait le premier sillon, le « sillon sacré », geste de défloration de la terre vierge pour assurer sa fécondité. Et voilà qu'en son absence les ondées s'annoncent dans le ciel tourmenté... Que faire ? L'affolement gagne les ruraux restés fidèles à leur « maître » qui, le 23 mars, sur les ondes de Radio-Pékin, exhorte ses partisans à la rébellion.

Cette fois la tension monte. Six jours plus tard, 40 000 paysans déferlent sur Kompong Cham et saccagent les maisons qui n'arborent pas l'effigie du prince. François a juste le temps d'accrocher un portrait sur l'église dont il interdit fermement l'accès. Phnom Penh s'inquiète. Deux députés envoyés pour calmer les manifestants sont décapités à la machette puis éventrés, leurs foies cuisinés puis « dégustés » sur le marché de Kompong Cham. Au crépuscule, la horde est dans les rues bientôt bouclées par des militaires, tandis que prennent position des auto-mitrailleuses. La nuit n'est plus qu'un silence pesant, déchiré au matin par les rafales d'armes automatiques. Tirs croisés sur la foule rassemblée. On relève au moins quatre-vingts morts et des rescapés qui ne songent plus qu'à venger les victimes. C'est le début d'un engrenage fatal. D'autant qu'aux alentours de Phnom Penh d'autres paysans arrivés en cortège sont hachés par les balles et les obus de l'armée. Une tuerie. Le commencement de la fin.

François assiste aux événements en première ligne. Surtout, on lui rapporte que les vietcongs et les réguliers nord-vietnamiens viennent de quitter leurs sanctuaires et envahissent les campagnes bardés de macarons de Sihanouk. Equipés de magnétophones, ils font même écouter son appel à la révolte. Les paysans pleurent de joie, basculent du côté révolutionnaire et les plus jeunes d'entre eux sont enrôlés dans une « armée de libération nationale ».

Mais le pire, dans l'immédiat, est la réaction du général Lon Nol. Pour cimenter l'union sacrée des Khmers autour de son gouvernement, il attise leur aversion ancestrale pour les Vietnamiens résidant au Cambodge, suspectés d'être tous des vietcongs. « Kap Yuon », « Tuer les Viêts ! » François lit sur tous les murs ce slogan qui menace d'abord les chrétiens, car vu l'importance numérique des Vietnamiens dans l'Eglise, la population khmère en furie s'en prend aux catholiques. Nombreux sont leurs villages pillés, leurs églises saccagées ou même rasées par l'aviation cambodgienne, comme celle de Banam, là où François s'est initié à la langue vietnamienne. Au bout du compte, la haine raciale dégénère début avril en véritables pogroms. Partout des rafles et des tueries de civils vietnamiens innocents. La presqu'île de Chruy Changvar, où François a vogué dès son arrivée pour apprendre le khmer, est le théâtre de violences inouïes. Les hommes de plus de quinze ans sont emmenés sur des barges et fusillés un peu plus en aval sur le fleuve, qui charrie bientôt des milliers de cadavres à la hauteur du bac de Neak Luong. Le Mékong est un charnier.

Ailleurs, des terrains vagues entourés de barbelés deviennent des camps d'internement. Des familles entières s'y entassent comme du bétail affamé. A Kompong Cham, Mgr Lesouëf intervient auprès du nouveau gouverneur, nommé In Tam : « Expulsez les Vietnamiens si vous voulez, mais ne les massacrez pas ! On les connaît tous. Ils peuplent nos paroisses. Aucun n'est vietcong. Alors laissez-nous aller les chercher. » Requête accordée. François est chargé de l'évacuation.

Il part seul, sans la garde armée proposée par In Tam qui ne pourrait que troubler sa mission, et loue de gros caboteurs pour gagner les communautés déjà cernées par des soldats, le doigt sur la détente. Tractations dramatiques dans chaque village, chaque hameau, lettre officielle du gouverneur en main, pour convaincre les militaires de lâcher sains et saufs leurs « Yuons ». A ces derniers, François hurle de tout quitter, de tout abandonner, d'embarquer à l'instant sur les chaloupes de la dernière chance qui commencent, heureusement, à se remplir de fuyards en plein désarroi.

A Stung Treng, tout près de la paroisse de Kdol Loeu, il réussit à embarquer 700 femmes et enfants. Mais sur le fleuve, en aval, l'armée cambodgienne commence à tirer sur le convoi. Sur la rive toute proche des mitrailleuses sont en batteries. Les soldats n'attendent plus qu'un geste pour ouvrir le feu. Vite, François se rue sur le pont et s'interpose à temps entre les canons et les familles en grappes. « Tuez-moi d'abord ! » Le défi surprend les officiers, soudain décontenancés. Suivent quelques secondes de silence effrayant. Le temps est suspendu entre la vie et la mort, à laquelle François songe à peine dans le feu de l'action. Enfin vient la délivrance : ces embarcations bondées peuvent repartir...

Le 10 mai, enfin, après d'âpres négociations entre les autorités khmères et vietnamiennes, une armada en provenance de Saigon obtient l'autorisation de rapatrier les survivants des massacres et remonte le Mékong jusqu'à Kompong Cham. Surgit alors un nouvel écueil. Ces bateaux n'ont pas le droit d'aller en amont de la capitale provinciale. Or, massés sur les berges lointaines, d'autres rescapés y attendent les navires du salut. Si l'on ne parvient pas à les embarquer, ils seront pris dans la nasse et exécutés. Alors François repart, avec ses chaloupes, chercher les familles épouvantées. Il emmène cette fois, contre l'avis du sous-préfet, 2 000 personnes regroupées près de Péam Chikang. Le jour s'affaisse en un clin d'œil. Des incendies rougeoient au bout des ténèbres : à peine désertés, les villages vietnamiens, dont celui de Tonlé Bet, sont bombardés par l'armée cambodgienne qui les soupçonne d'abriter des repères vietcongs. Enfin, on aperçoit la faible lueur dansante, au loin, des bateaux de guerre qui descendent la rivière sombre. François leur lance des signaux lumineux. L'armada ralentit sa progression et aborde les chaloupes dans l'obscurité. Nouveaux palabres sur les flots. Puis l'accord est donné au convoi de François de se placer sous la protection des bateaux de guerre. Les 2 000 Vietnamiens sont sauvés et s'enfuient vers la mère patrie.

Pendant ce temps, le général Lon Nol caresse le rêve de reconquérir l'ancienne Cochinchine. Il a décrété la mobilisation générale et fait enrôler des dizaines de milliers de jeunes civils, entraînés en quarante-huit heures sur d'anciens terrains de foot, mal équipés et chaussés de sandalettes. Enthousiastes, ils se déploient sur la route pour chasser les ennemis héréditaires. Mais ceux-ci sont de vrais soldats, puissamment armés, aguerris par des années de combats acharnés. Ils tronçonnent la ligne des jeunes recrues et anéantissent les forces isolées les unes des autres. C'est la curée. Les morts se comptent par milliers dans les rangs cambodgiens, tandis que leurs adversaires poussent leur avantage et occupent un bon tiers du pays. La défaite est telle que les hommes au pouvoir à Phnom Penh se voient contraints d'appeler à l'aide les Sud-Vietnamiens. Ceux-ci ne débarquent pas seuls. Avec le feu vert du président Nixon, le corps expéditionnaire américain les épaule et les GI's entrent au Cambodge sur une profondeur de quarante kilomètres, du 30 avril au 30 juin 1970. Les soldats de Saïgon profitent de l'aubaine et vengent au centuple leurs compatriotes assassinés le mois précédent. L'effet immédiat de leur sauvagerie sera que les paysans passeront en plus grand nombre encore dans le camp révolutionnaire.

La guerre est totale, entre « Républicains » alliés des Etats-Unis et partisans du prince déchu. Au beau milieu des belligérants se trouve l'Eglise, qui ne reste pas inactive. A l'instar de François, ses prêtres ont multiplié les gestes risqués de secours aux civils vietnamiens pourchassés. Emile Destombes a forcé un barrage de l'armée avec son camion bourré de vivres à destination des prisonniers affamés. Les chrétiens khmers de Chomnom, près de Battambang, ont collecté du riz pour les prisonniers de leur secteur et les moines bouddhistes de Kompong Trabek ont hébergé des religieuses vietnamiennes après l'incendie de leur village. « La charité à l'épreuve du racisme », écrira François. Mais le sacrifice n'est pas loin. L'invasion vietcong est lourde de drames. Dans le diocèse de Kompong Cham, cinq prêtres seront assassinés par les communistes pour une raison très simple : il ne faut pas de témoins gênants de l'infiltration de ces soldats étrangers au Cambodge. Selon la propagande officielle, la guerre n'est le fait que des paysans révoltés contre le fasciste Lon Nol. François doit fuir la région infestée de soldats vietcongs. Son évêque, Mgr Lesouëf, le lui ordonne avant qu'il ne soit trop tard et le nomme vicaire général du diocèse le jour de son départ, qui lui laisse un terrible goût d'inachevé.

Tout quitter la rage au cœur. Les communautés chrétiennes en devenir, les premiers rouages constitués d'une Eglise diocésaine, les paroisses naissantes et cette équipe d'une douzaine de jeunes garçons, hébergés dans deux anciennes salles de classe près du presbytère. Le soir après l'école, ils faisaient leurs devoirs avec l'aide de François qui était à l'origine de leur venue à Kompong Cham. Tous issus de villages et de familles profondément catholiques, ils étaient en fait rassemblés pour recevoir une sérieuse formation intellectuelle, s'épanouir, se forger une personnalité et devenir peut-être un jour, avec d'autres, les cadres de l'Eglise du Cambodge, capable de conjurer ainsi son déficit chronique en ressources humaines. Peine perdue. Eux aussi sont contraints de s'enfuir pour sauver leur peau. L'élan est brisé.

Néanmoins, cheminant au volant de son Ami-6 vers la capitale, et prenant soin d'éviter les grands axes ratissés par des escouades de « Bo-doïs », les soldats vietnamiens qui ne se cachent même plus, François ne repart pas démuni. Son capital est invisible, immatériel, constitué de cette irremplaçable connaissance du pays, de sa langue et de ses habitants, acquise au fil des premières années d'immersion. Aussi se lance-t-il, dès son arrivée à Phnom Penh, dans la traduction en toute hâte des lectionnaires dominicaux et des textes liturgiques de l'Ancien Testament, dans la rédaction d'un programme de formation accéléré des catéchistes khmers.

Il y a urgence. Les vietcongs accentuent leur emprise et, déjà miné par le défaitisme et la corruption, le régime de Lon Nol est aux abois. A peine arrivés au pouvoir, les Républicains n'ont plus d'avenir politique et militaire. « La dynamique est dans l'autre camp, se souvient François, celui des révolutionnaires qui vont gagner cette guerre de libération, à l'image de toutes celles engagées à cette époque en Asie et sur d'autres continents : telle est alors notre conviction dans l'Eglise. Inéluctable nous apparaît l'instauration d'un régime calqué sur celui de la Chine ou du Nord Viêt-nam, où les missionnaires ont été expulsés, après un passage en camp d'internement et un procès face au tribunal du peuple. Nous nous apprêtons à subir le même sort. D'où la nécessité d'apprendre aux chrétiens à se passer de nous. Tout faire pour qu'ils se prennent en charge grâce à des comités composés de laïcs, investissent les structures de l'Eglise, préparent l'organisation d'un "synode" des chrétiens khmers et passent d'une religion faite en partie de traditions et de rites, à une foi plus personnelle et dépouillée. Une affaire de survie. »

Dans le but d'animer ces communautés, d'entretenir au fond l'espérance, une dizaine de jeunes hommes et de jeunes femmes, célibataires et mariés, entament une formation, apprenant dans le même temps un métier capable d'assurer plus tard leur autonomie. François les initie à une lecture critique de la Bible, « cette source qui restera toujours accessible, quel que soit le futur régime du pays ». Ils ont à leur disposition des textes bibliques et liturgiques avec leurs commentaires adaptés en khmer. Pressé par le temps qui lui paraît compté, François s'est lancé à plein rendement dans les traductions.

Mais le régime tient le choc, aidé sans réserve ni scrupule par les Américains. Ceux-ci veulent éviter à tout prix que le Cambodge ne tombe aux mains des communistes et ne compromette ainsi les activités de leurs troupes au Viêt-nam. Leur « soutien logistique » à la République de Lon Nol prend la forme de bombardements monstrueux. Les provinces de Siem Reap, de Kompong Cham et celle de Kandal, proche de Phnom Penh, sont touchées dès 1970. Deux ans plus tard, Neak Luong, la petite ville où le bac sillonne le Mékong, est rasée « par erreur », transformée en ruine fumante parsemée de cadavres. Surtout, du 7 mars au 15 août 1973, 40 000 tonnes de bombes larguées des soutes des B52 écrasent chaque mois les campagnes cambodgiennes. Un ravage. Un concassement méthodique des zones rurales. Les paillotes brûlent comme des torches, les récoltes partent en fumée, des dizaines de milliers de paysans sont anéantis dans leurs villages dévastés.

En tout, 539 000 tonnes de bombes seront déversées sur des cibles mal identifiées par l'aviation US durant cette guerre, et souvent sans même l'accord du Congrès américain, tenu à l'écart de ces opérations secrètes lancées par Nixon et surtout par Kissinger, qui ne voit dans ce pilonnage qu'un *« sideshow »*, une « tragédie sans importance ». Quelques années plus tard, cette formule sera le titre d'un livre remarquable*, écrit par le journaliste anglais William Shawcross, et si précis et argumenté que le « prix Nobel de la Paix » Kissinger devra revoir ses Mémoires mensongers, pour y intégrer cette vérité, lourde de conséquences au Cambodge.

Sur ce sujet, François est à la fois intarissable et formel : la responsabilité des Etats-Unis dans le drame qui va suivre est gigantesque, irréfutable. Comme des brutes, ils n'ont semé que la haine et la désolation dans les campagnes, précipitant à leur tour une foule de paysans dans les rangs communistes, tandis qu'une autre part de la population trouvait refuge à Phnom Penh. François accueille ces réfugiés du pilonnage, écoute leurs récits hallucinés des bombardements qui font trembler l'univers et fouillent à coups de boutoir les entrailles de la terre. Jamais, comme eux, il n'oubliera les crimes commis par les Américains.

Mais là n'est pas, loin s'en faut, la seule terreur des provinces. Les fuyards se soustraient aussi à l'emprise implacable et grandissante de révolutionnaires sortis de la forêt, tout de noirs vêtus, et qui tirent les ficelles du conflit, prenant la tête de l'opposition armée. Voici une dizaine d'années, Sihanouk leur a donné un surnom : les « Khmers rouges », avant de les pourchasser après leurs critiques acerbes envers son régime, et de les forcer, en 1963, à prendre le maquis sous peine d'être arrêtés puis éliminés.

Ils étaient une poignée d'intellectuels au départ. Pour la plupart d'anciens étudiants à Paris, où ils avaient créé une première cellule marxiste et noué d'étroites relations avec le parti communiste français.

---

* Editions Balland/France Adel.

Ils se nomment Khieu Samphan, Hou Youn, Hu Nim, Son Sen, Nuon Chéa, Yeng Sary et Saloth Sar, qui prendra plus tard le pseudonyme de Pol Pot. Avant tout furieusement nationalistes et anti-vietnamiens, parfois nostalgiques de la grandeur angkorienne et fanatisés par la Révolution culturelle chinoise, ils vivent en vase clos dans la jungle épaisse. Et, au fond de leurs inexpugnables refuges, ils élaborent une idéologie comme on enfante un monstre...

Mais qui les connaît à Phnom Penh ? Presque personne et François le dernier, qui a seulement ouï dire de leur activité aussi efficace que féroce. Soutenus et armés par les vietcongs, ils se sont vite défiés de ces partenaires haïs, les ont remplacés sur le terrain et ont récupéré la masse des paysans fidèles au prince Sihanouk, désormais leur allié. Dire qu'ils n'étaient qu'une poignée au départ, rôdant la nuit et faisant aboyer les chiens à Kdol Loeu, ce village de chrétiens où François résidait ! Avec la guerre civile et la rage de détruire des Américains, ils ont saisi leur chance historique à la volée. Les voici à la tête d'une armée, notamment formée de jeunes enrôlés de force au fil de leurs conquêtes territoriales. Car ils occupent bientôt presque toutes les campagnes, laissant les villes aux Républicains qui s'y cantonnent comme des assiégés.

La rumeur enfle, se répand parmi les populations urbaines. Ces « Khmers rouges » seraient abominables. Ils brûleraient les villages, rafleraient les familles dans la forêt et tueraient le moindre militaire ou fonctionnaire tombé entre leurs mains. Mais ces récits d'horreur n'ont-ils pas proliféré dans l'esprit dérangé de quelques réfugiés hagards ou ne sont-ils pas inspirés par la propagande gouvernementale ? Que croire ?

« Les Khmers restent khmers et ne peuvent traiter ainsi leurs compatriotes, se dit François. La victoire semble à leur portée, quel avantage psychologique auraient-ils à procéder ainsi ? Et même si c'était vrai, leur violence s'apaisera forcément avec leur victoire et la fin de la guerre. »

Pourtant, il rencontre une femme handicapée, originaire d'Arey Ksach, sur la rive du Mékong opposée à Phnom Penh. Voyant arriver les Khmers rouges, elle est montée se cacher dans un arbre où elle a préféré se faire dévorer les jambes par des fourmis géantes plutôt que de descendre au milieu d'une tuerie : enfants écartelés, d'autres empalés... N'exagère-t-elle pas ? Tout de même, on ne se fait pas dévorer par des insectes voraces au nom d'une illusion !

« Une chose est sûre, certifie aujourd'hui François, les "conseillers" américains affiliés à la CIA et les agents de Lon Nol savaient tout. Et il aurait suffi de forces bien armées, entraînées et motivées par un pouvoir volontaire et honnête, pour faire reculer les Khmers rouges, alors assez faibles, et soustraire à leur influence des populations rurales déjà révoltées par les exactions. Bref, il était encore temps d'arrêter le cours infernal de l'Histoire. »

A l'inverse de cette stratégie, la République khmère s'enfonce dans la corruption, les querelles de clans et les intrigues, tandis que ses troupes violent et rançonnent les civils. Le pire est donc à venir. D'ailleurs, Phnom Penh est à portée des canons khmers rouges ! C'est la pluie des roquettes et des obus, provenant parfois des caisses de munitions républicaines. La gangrène du régime va jusque-là ! « Dieu vous écoute mais il rigole », lance un dimanche François aux fidèles qui prient pour la paix, lors d'une messe où certaines autorités militaires sont au premier rang, parmi lesquelles Sosthène Fernandez, chef de l'armée. « L'autre jour, poursuit-il, j'ai vu passer devant l'église trois camions chargés d'obus de 105 mm. Ils filaient vers le nord. En direction des lignes khmères rouges, où je sais qu'ils ont été vendus par les soldats censés nous protéger. Sûr qu'ils vont nous tomber dessus. Alors implorez la paix si vous voulez. Mais tant que durera cette perversion, Dieu se moquera de vos prières ! » Ses propos font scandale. Les officiels sont outrés. Mais dans les jours qui suivent, 150 obus de 105 mm s'abattent à la file sur la capitale...

La grande tricherie a des conséquences folles. « Quel cynisme ! Penser que l'on manœuvre d'autant mieux les hommes qu'ils sont corrompus ! » C'est pourtant le plan des Américains, analyse François, la rançon espérée de leurs millions de dollars déversés d'un coup. Or, cette manne pourrit la situation politique et militaire dans l'un des pays les moins préparés au monde à cet afflux d'argent facile, car régenté par une économie de subsistance et habitué au troc.

Le Cambodge est demeuré si longtemps une société non monétarisée ! Le « riel » vient du « réal » portugais et le « Loui », terme générique qui désigne l'argent, du louis français. Ces valeurs d'échange ont toutes été importées. De là provient le rapport difficile entretenu par les Khmers avec l'argent, qui se traduit en fait par « l'argent à dépenser », et non pas à garder, à économiser. La nourriture de base étant produite par la rizière, le surplus est destiné aux dépenses de « prestige » : construction de la pagode, avec inscription des donateurs, radio, bicyclette, moto, qui sont des instruments de positionnement social plus qu'une réponse à de vrais besoins. On imagine, dans ces conditions, les troubles provoqués par la profusion de billets verts.

Qu'est devenue l'ancienne « perle de l'Extrême-Orient » ? Phnom Penh n'est plus qu'un cloaque infernal, un vaste tripot, un bidonville encombré du tiers de la population cambodgienne, une citadelle assiégée par les sinistres Khmers rouges. François y passe cinq ans, avec les autres prêtres, se demandant parfois si rester ne signifie pas cautionner le régime corrompu de Lon Nol. A chaque sortie dans les rues, il tend l'oreille et scrute le ciel afin d'anticiper l'arrivée des roquettes tirées à l'aveuglette, qui font un bruit d'hélice tournoyante avant d'exploser dans un fracas métallique. Dans la nuit du 20 au 21 mars 1972, 300 personnes sont déchiquetées par une salve près de l'évêché. En 1974, un quartier est réduit en cendres par des obus incendiaires achetés aux Républicains...

La mort peut surgir de partout. Mais le lot quotidien des hommes est la pauvreté sans limites. Les paysans déracinés errent sans travail, les familles disloquées glanent des grains de riz, les veuves, les orphelins et les mutilés font l'aumône, plus d'un millier de lépreux survivent comme ils peuvent. Vie sordide et totalement artificielle : Phnom Penh et ses trois millions d'habitants ne subsistent que grâce aux vivres octroyés par les Américains. Les convois de ravitaillement qui empruntent le Mékong sont assaillis par les Khmers rouges embusqués sur les berges. Les avions et les navires militaires doivent escorter les péniches chargées de sacs de riz. Un sauve-qui-peut perpétuel !

François est comme les autres : il se débat et agit

dans un océan de misère, parmi les chrétiens qui, loin des moyens traditionnels d'action de l'Eglise devenus sans objet, inventent un nouveau mode de présence et de service. Les bâtiments de la mission catholique, un séminaire, des écoles et des couvents sont transformés en hôpitaux, en lieux d'accueil des réfugiés. Emile Destombes est le secrétaire général du « Comité d'entraide aux victimes de guerre », conçu non pas comme un simple organisme de redistribution des aides venues d'ailleurs, mais comme « un moyen d'éduquer les hommes, chrétiens ou non, à une démarche personnelle de solidarité envers les plus démunis ». Des centaines de familles reçoivent chaque semaine des secours, après enquêtes menées à leur domicile et dans les services publics par des laïcs du Comité. Jamais un riel n'est donné au hasard. Deux cents vieillards abandonnés sont repérés puis secourus aussitôt. Un même nombre de foyers bénéficie d'un toit grâce à l'opération des « mille feuilles », collecte de plaques de tôle ondulée. Malgré l'afflux des orphelins, l'Eglise refuse d'ouvrir des orphelinats comme dans le passé, mais s'appuie sur la tradition d'hospitalité des Khmers et soutient les familles qui acceptent chez elles des enfants isolés. Le quartier fangeux des lépreux est drainé, équipé de points d'eau et d'une infirmerie. Mille neuf cents malades y sont recensés et obtiennent une carte d'identité. Ils aménagent eux-mêmes un ancien couvent, gagnent quelque argent et redeviennent des hommes à part entière.

Tant de rigueur et d'efficacité ! Voilà qui sidère le gouvernement et le très puissant organisme catholique caritatif américain, le Catholic Relief Service (CRS). Mais il n'est pas question, pour François et les siens, de se substituer aux autorités. Et il leur est impossible de prendre en charge le programme de distribution de riz du CRS, malgré ses demandes insistantes. Ce dernier projet dépasse les possibilités de la communauté chrétienne. Il vise l'alimentation de 150 000 personnes et se monte à trois millions de dollars par semestre, soit trente-cinq fois le budget annuel du Commissariat national cambodgien pour les réfugiés ! En outre, 80 % de ces sommes proviennent du Département d'Etat, à Washington. Alors non ! « Le CRS a donc ouvert ses propres bureaux, raconte François, apportant des aides considérables et soignant le jour des souffrances que ses avions causaient la nuit. »

François découvre dans ce bourbier « l'éminente dignité des pauvres », renforcée par le fait essentiel qu'ils ne sont pas des assistés. A eux de construire leurs baraques de fortune, de transformer le terrain alentour en potager. Les Khmers rouges peuvent lancer des attaques éclair, ils y reviendront toujours et rebâtiront leur camp, à l'inverse d'autres réfugiés, hébergés sans aucune contrepartie dans les maisons érigées en série par des organismes internationaux : eux fuiront à jamais, laissant inhabitées ces bâtisses nettement plus spacieuses. Cette leçon, comme tant d'autres, sera retenue par l'Eglise catholique qui puisera en partie dans les affres de cette guerre civile la philosophie de son action future, conduite après l'anéantissement, en faveur des indigents du Cambodge.

Pour l'heure, ces derniers sont en sursis, à l'instar de toute la population de Phnom Penh et des villes de province. L'étau se resserre chaque jour davantage. L'avion devient l'ultime moyen de transport à l'intérieur du pays aux mains des Khmers rouges, qui ont déjà raflé puis assassiné des dizaines d'étrangers égarés sur les routes.

François lui-même fait la cruelle expérience de cette insécurité totale. Parti un après-midi à la rencontre de réfugiés annoncés sur la route qui mène au Viêt-nam, il quitte les faubourgs de la capitale, fait quelques kilomètres et tombe soudain sur un village désert. La vie s'est évanouie. Pas une ombre. Rien que le silence, mais pas celui de la sieste habituelle à cette heure. Non, un calme particulier, terrifiant, à peine troublé par le bruissement des feuilles d'aréquiers. Le grand vide, au fond duquel François soupçonne tout à coup une présence indéfinissable, peut-être des yeux qui l'épient derrière les paillotes dépeuplées et les nattes de bambou. Un frisson lui parcourt la nuque. Sueurs froides. Angoisse. Et pour finir un demi tour en tête-à-queue, l'échappée pied au plancher vers Phnom Penh. « Ce jour-là, il s'en est fallu de peu. Un pressentiment m'a sauvé la vie. »

Au retour, son travail de traduction redouble d'intensité. La fin approche. Il faut rapidement procurer le maximum d'outils capables de nourrir la foi des chrétiens khmers lors de la révolution qui s'annonce. L'Ancien Testament liturgique est traduit dans son intégralité. Paraît ensuite un essai de présentation de la religion chrétienne en des termes bouddhistes, écrit en collaboration avec un prêtre khmer, Joseph Salas. Surtout, à la demande de François qui a commencé seul à travailler sur l'Evangile, l'United Bible Society (UBS) fonde un comité de traduction œcuménique du Nouveau Testament. Un premier travail a bien été effectué par un pasteur évangélique américain, de 1924 à 1954. Mais, en raison de sa fidélité littérale au texte sacré, il est incompréhensible pour les Khmers.

Pourtant, quatre membres de l'UBS, des protestants, s'unissent à un seul catholique, François, pour entreprendre ce labeur incroyable, avant lequel il faut se mettre d'accord sur le vocabulaire à employer. Avec leur connaissance traditionnelle de la Bible, les protestants s'appuient sur les coutumes de l'Eglise et non pas sur la critique exégétique des mots, comme le leur suggère François. Négociations serrées. Mais de cette empoignade surgissent les quatre premiers chapitres de saint Matthieu, juste avant la tourmente.

François est plongé dans ses traductions au premier étage d'un foyer d'une cinquantaine d'étudiants, qu'il dirige dans le quartier chinois, au cœur de la capitale désormais bombardée jour et nuit. Le week-end, quitte à choquer les chrétiens traditionnels qui désapprouvent la mixité de ces réunions, il organise des sessions de formation avec une quarantaine de jeunes Cambodgiens, sur les thèmes de la morale, de la liberté, du travail, du sens de la responsabilité individuelle.

Le 13 avril 1975, ensemble, ils fêtent le nouvel an khmer. Après l'année du Tigre, place à celle du Lièvre. Mais chacun, tout en affichant une insouciance feinte, pressent que c'est en fait la fin d'un monde. Depuis plusieurs jours, François monte avec les autres prêtres au sommet du clocher de la cathédrale, excellent poste d'obervation des alentours de Phnom Penh. Et il situe les zones d'avancée des combats aux incendies, repère les forces khmères rouges à la fumée s'échappant de leurs bouches à feu, lors de chaque coup de départ. « Ils sont presque déjà là ! » s'écrie-t-il en mesurant la ceinture de feu, si proche et étreignant déjà la ville.

L'espoir s'est évanoui, le 1er janvier 1975, jour du déclenchement de l'ultime offensive des maquisards. Tous les canons révolutionnaires ont tonné à la même seconde aux quatre points cardinaux. L'encerclement ! Le Mékong a été coupé en février, définitivement. Ne reste que la voie des airs, empruntés par les avions US qui ravitaillent encore la capitale, déposent leurs vivres à l'aéroport de Pochentong ou les parachutent quand celui-ci est la cible des roquettes.

Le 12 février, de Pékin, le prince Sihanouk a enjoint aux étrangers de quitter le Cambodge. Le 17 mars, la France a affrété un avion militaire Transal à l'intention de ses ressortissants qui veulent être rapatriés. Quelques jours plus tôt, justement, lors d'une réunion poignante à Phnom Penh, les prêtres se sont posé la question du départ. Et presque tous ont décidé de rester, ainsi que les moines bénédictins, les sœurs de la Providence et les laïcs consacrés. « Des héros ? sûrement pas ! s'écrie aujourd'hui François. Pour avoir tant partagé la joie d'un peuple, nous voulons prendre part à sa peine. Pas d'abandon possible à l'heure de la tragédie ! »

Prêtres, religieux et laïcs sont rassemblés, le 14 avril, lendemain du nouvel an khmer, pour la première ordination in extremis d'un évêque khmer, Mgr Joseph Salas. La « bulle » officielle le nommant est arrivée juste à temps. Deux roquettes, tombées au plus près de l'Eglise, donnent le coup d'envoi de la cérémonie. Toute l'assemblée se jette à plat ventre et continue de prier. La foi contre la violence et la furie des hommes. Un signal est donné, qui renforce davantage les prêtres khmers dans leur détermination.

Eux aussi auraient pu partir. Eux aussi ont voulu rester. « On n'a pas choisi la vie consacrée pour se mettre à l'abri », explique le plus jeune, Marcel Truong Chamreun. Se doute-t-il alors qu'il paiera cet acte de sa vie ? « Bien sûr, répond à présent François. D'après ce que nous savions des Khmers rouges, surtout depuis ces derniers mois, la mort nous apparaissait à tous, Cambodgiens et Français, comme l'issue la plus plausible. Sans même se consulter, nous avions tous envoyé une lettre d'adieux à nos familles. Allons, il ne faut pas se payer de mots ! Notre choix était celui du Christ : “Il n'y a pas de plus grand amour que de donner sa vie pour ceux qu'on aime”. »

6

La « déchirure »

« Ils arrivent ! » A l'aube du 17 avril 1975, le bruit court dans la capitale écrasée par un silence angoissant. La veille, « ils » étaient déjà au kilomètre 4, au dire des ultimes fuyards venus se réfugier au centre de la ville, le visage tiré et les yeux effrayés. La nuit, des roquettes de 107 mm et des obus de 105 ont une nouvelle fois déchiré les ténèbres. Quelques jours plus tôt, des nuées d'hélicoptères bourdonnaient autour de Phnom Penh afin d'évacuer, dans un nuage de poussière rouge, les derniers étrangers candidats au départ, notamment l'ambassadeur américain, Gunther Dean, parti avec sa bannière étoilée enroulée sous le bras. Mais en ce matin moite marquant la fin de la saison sèche, le fracas de la guerre et des fuites éperdues s'est soudain évanoui. La cité assiégée abdique, épuisée. Elle attend, résignée, les vainqueurs qui se proclament bien sûr ses « libérateurs ». C'est le calme après la tornade. Mais avant quel nouvel ouragan ?

François a été réquisitionné pour fouiller les réfugiés qui affluent à l'hôtel « Le Phnom », asile bien illusoire aménagé la veille par la Croix-Rouge internationale. Puis il a rejoint l'évêché situé juste en face, après un détour par la cathédrale, elle aussi pleine de gens apeurés et de militaires effondrés. Et de là, il aperçoit les premiers Khmers rouges : des gamins d'une quinzaine d'années, avec leurs sandales « Hô Chi Minh » taillées dans les pneus des Jeep, leur casquette chinoise, leurs grenades B 40 à charge creuse, leur fameux fusil d'assaut AK 47 et leur éternelle écharpe à carreaux, seule tâche de couleur sur leurs vêtements noirs. Il observe leur déploiement méthodique, lent, presque feutré, en file indienne via les grandes artères, sur tout le périmètre de la capitale.

Vers neuf heures, pourtant, la ville explose de joie. Les soldats de l'armée républicaine ont ordre de cesser le combat. On apprend qu'« une négociation est en cours ». La guerre est finie ! Et avec elle le blocus, la faim, la conscription obligatoire et l'avalanche des obus. Concert de klaxons. Scènes de fraternisation. Drapeaux blancs sur les véhicules militaires assaillis par des citadins en liesse. Dans leur effusion, ils ne remarquent pas l'arrivée continuelle, silencieuse et toujours ordonnée, des petits hommes en noir qui se retrouvent bientôt en position à chaque carrefour, par équipe, avec des écritoires à la main. A dix heures, ils verrouillent la cité.

François, lui, a vu leurs sombres visages de près. Rien ! Ils n'expriment rien ! se dit-il avec effroi. Leurs regards immobiles, vides, ne traduisent au fond qu'une froide détermination, mêlée à une indifférence totale. Comme si tout sentiment leur était étranger, la moindre émotion impossible ! Quelque chose comme une force implacable que les automobilistes et conducteurs de motos sont les premiers à éprouver. Leurs véhicules sont arrêtés, fouillées, confisqués parfois. François observent ceux qui protestent contre ces réquisitions : ils finissent par lever les mains en l'air en tremblant, et leur peur se répand comme une traînée de poudre. « D'un seul coup, se souvient-il, j'ai eu la sensation presque physique qu'une chape de plomb était tombée sur la capitale... »

D'ailleurs, l'injonction qui suit achève la population. Ordre général de quitter la ville ! « Partez vite, les Américains vont nous bombarder ! Pas la peine de fermer à clé, nous veillerons sur tout jusqu'à votre retour. Et n'emportez pas grand-chose, vous n'allez qu'à une vingtaine de kilomètres d'ici. » Progressivement, alors, le grand flot des êtres désemparés se forme, se répand, telle une interminable file de souffrances, et gagne l'horizon menaçant aux portes de la cité, d'un pas lent, de quelques mètres à l'heure, et dans un piétinement épuisant.

Du jamais-vu dans l'Histoire ! Phnom Penh est vidée en quelques heures. François reçoit des coups de fil affolés. Au début, les étudiants de son foyer lui demandent s'ils peuvent accueillir les pensionnaires d'un hôpital voisin, eux aussi frappés d'expulsion. Espoir fou de gamins candides. L'ordre d'évacuation s'applique à *tous,* sans aucune distinction. Même à ce blessé grave dont le pied flotte au bout d'une jambe à laquelle il n'est relié que par la peau, aux amputés qui se traînent comme des vers de terre qu'on aurait coupés en deux, aux grands malades équipés de leurs potences de perfusion, aux femmes prêtes à accoucher et aux faibles vieillards poussés hors de leur lit.

Les événements démentiels s'enchaînent, se précipitent, laissant contraints, brisés, soumis et résignés tous les hommes, même les plus rebelles. Rien à faire, si ce n'est obtempérer face à une inflexible autorité. Et puis, toujours, le mutisme des Khmers rouges, leur regard impassible, détaché, et les ordres glacials des « Néary », ces jeunes filles combattantes dépourvues de la moindre trace de féminité et encore plus résolues que leurs camarades masculins.

François lui-même est pris à partie pour un gadget : le stylo-bille à déclic tant convoité par les petits soldats à l'affût d'objets inusités dans l'univers de la jungle hostile et des champs de bataille. Il puise dans ses ressources linguistiques, un canon braqué contre lui, pour expliquer qu'il n'en possède aucun, mais doit quand même donner une mobylette, que des maquisards viennent « emprunter » à l'évêché où, le soir venu, une section s'installe pour passer la nuit. La méfiance est vite brisée par les paroles prononcées en khmer et le dialogue s'instaure dans la nuit. « Au fond, constate-t-il, ces paysans issus de milices populaires de Kompong Thom et de Siem Reap ne sont pas encore sculptés par une idéologie. Pourquoi se battent-ils ? Ils ne le savent même pas et n'ont retenu que la promesse de leurs chefs : une ère de bonheur va commencer après la chute de Phnom Penh... »

Dès le lendemain, le chef de section lui demande de conduire son groupe qui prend une relève à la gare. Une chance inespérée à saisir pour apprécier la situation mais qui suit un itinéraire bien sinueux. Entassés dans l'Ami-6 tout au long de cette visite commentée, les Khmers rouges ne se doutent pas des détours et avouent leur surprise, leur émerveillement face aux villas, au Palais royal, aux hôtels internationaux. Un monde insoupçonné. François, lui, est atterré par la vision d'une ville déjà morte et saccagée, aux boutiques éventrées avec leurs téléviseurs ou leurs boîtes de conserves jetés pêle-mêle au milieu de la chaussée. Seuls la traversent encore des groupes clairsemés d'expulsés, leur baluchon sur l'épaule.

Au bout du chemin, la rencontre impromptue avec un commissaire politique khmer rouge l'éclaire sur cette incroyable déportation de quelque trois millions d'habitants. « En ville, lui explique-t-il, se trouvent l'argent, le commerce. Or, tout cela engendre l'inégalité et la corruption. Par le travail des champs, l'homme doit apprendre qu'il naît du grain de riz. En suant pour défricher, labourer, semer et moissonner, il connaîtra la vraie valeur des choses. » Ainsi, François découvre que plus qu'un esprit de vengeance des soldats paysans contre les citadins, l'idéologie est quand même le premier mot de cette décision radicale. Désormais, plus de gadgets d'une société de consommation importée de l'Occident, plus de profiteurs qui exploiteront par leur commerce le labeur des gens de la terre : chacun va se nourrir des fruits de son travail.

Et de fait, se dit-il, les villes cambodgiennes ont grandi autour des marchés ; Phnom Penh, en particulier, doit son expansion au colonialisme français, au commerce chinois et à la bureaucratie étatique de la monarchie, puis de la république. Alors, pour construire à l'envers de ce modèle une société égalitaire de type rural, les Khmers rouges veulent tout détruire. Faire table rase du passé, afin que l'homme révolutionnaire invente un nouvel art de vivre, où le travail des champs tiendra lieu de bain de jouvence. Par ce retour à la terre, les Khmers vont redevenir khmers !

En attendant, ces derniers, quand ils sont issus des

grandes cités entièrement vidées à travers le pays tout entier, découvrent un terme nouveau, au long de leur route harassante : « l'Angkar », qui signifie « organisation ». Sans cesse, ils entendent prononcer le nom de cette mystérieuse autorité souveraine et infaillible, derrière laquelle se retranchent les cadres khmers rouges. « C'est sous la conduite très intelligente, très éclairée et très juste de l'Angkar que le peuple obtient victoire après victoire dans la construction et la défense du pays. » Du charabia... Mais très vite, et très concrètement, les citadins vont s'apercevoir que cette structure inédite et divinisée dans son anonymat régit leur propre vie jusque dans ses moindres détails. Elle a un pouvoir absolu : envoyer quelqu'un à l'« Angkar Leu » ou « organisation supérieure » signifie la mort.

François ne tardera pas lui-même à saisir l'importance de cet organisme, à la fois parti et gouvernement, qui préside à la destinée du Cambodge désormais appelé « Kampuchéa démocratique ». Dans ce pays, le peuple est maître de tout : de la terre et de l'eau, des rizières et des usines ; le gouvernement administre, l'Angkar dirige. Et cette dernière, toute-puissante, ne sera vraiment efficace que si elle transforme le cœur de l'homme...

Où « l'Organisation » mène-t-elle l'immense troupeau des êtres à sa merci ? Nul ne le sait alors, les marcheurs encore moins. « Le plus impressionnant, c'était le calme de cette foule, rapportera un témoin à François. Aucune indignation, aucune révolte, la plus totale résignation. En contraste avec cette sérénité des victimes, la hargne, la brutalité des vainqueurs, des bourreaux, âgés de treize ans parfois, qui abattaient les contrevenants comme des chiens. »

Et pourtant, François n'est à Phnom Penh le témoin direct d'aucune violence physique extrême, aucun assassinat. Seulement, le 18 avril, il doit comme les autres quitter l'évêché sur l'ordre sans appel d'une patrouille agressive. C'est le départ ou la mort ! Juste le temps d'emporter du riz, du poisson sec et des moustiquaires avant de rejoindre l'ambassade de France, refuge de tous les étrangers et aussi de centaines de Khmers, notamment des personnalités du régime précédent.

Mais tôt en ce matin du 18 avril, une séparation déchirante a brisé le cœur des missionnaires. Mgr Joseph Salas, le tout nouvel évêque de Phnom Penh, son frère Salem et un autre prêtre nommé Marcel Truong Chamreun ont pris à marche forcé le chemin de l'exode, rejoignant la foule aux allures de troupeau interminable mené à l'abattoir par les Khmers rouges. « Parlez-de nous au monde ! » s'écrie Mgr Salas. Ces ultimes paroles, pour François, deviendront une consigne.

En attendant, lui et ses amis s'installent parmi les touffes de bambous, au fond du parc de l'ambassade française, dont les bâtiments sont déjà surpeuplés. Commence la longue attente en ce réduit diplomatique au cœur de la ville fantôme, jouissant normalement de l'extra-territorialité. Mais les Khmers rouges n'ont que faire de ces principes de droit international. Ils veulent d'abord qu'on leur livre les « traîtres », c'est-à-dire les anciens dirigeants. Protestations du vice-consul, Jean Dyrac, seul et unique représentant du gouvernement français : « Ils ont demandé l'asile politique et l'ambassade est un refuge inviolable. » François traduit son appel à la clémence, suivi de la réponse tranchante d'un militaire : « S'ils ne sortent pas, les soldats iront les chercher les armes à la main et n'épargneront personne. » Rien à faire, si ce n'est se plier aux exigences des vainqueurs pour sauver la vie des ressortissants français et étrangers. Les « traîtres » doivent se rendre. Très digne, le prince Sirik Matak, cousin du prince Sihanouk, et l'un des principaux instigateurs du coup d'Etat du 18 mars 1970, sort en remerciant la France de son hospitalité, serre les mains des officiels, puis monte dans une Jeep qui l'emmène vers la mort certaine. « Ma seule erreur est d'avoir cru aux Américains », vient-il d'écrire dans une lettre ouverte au président Gerald Ford. Le vice-consul, qui l'a accompagné jusqu'au portail, ne retient plus son émotion. Appuyé sur un des piliers à l'entrée de son ambassade, il pleure à chaudes larmes, près de François, en répétant sans cesse : « Nous ne sommes plus des hommes. »

Le drame n'est pas fini. Une autre sentence tombe un peu plus tard : oui, les femmes khmères mariées à des étrangers peuvent rester dans l'enceinte diplomatique ; en revanche, les époux khmers d'étrangères doivent quitter les lieux pour partager le sort de leurs compatriotes, « participer à la reconstruction de leur nation ». Le vice-consul enregistre à la hâte quelques mariages fictifs, accorde des passeports à la dernière minute. Mais il est trop tard. Des séparations atroces se déroulent parfois sous les yeux des enfants écartelés entre leurs parents. Huit cents personnes franchissent la porte de l'ambassade, le dimanche 20 avril. Destination inconnue. Un pharmacien de Phnom Penh choisit de fanfaronner pour mieux masquer son désespoir : « A bientôt, dans trois mois sur les Champs-Elysées ! » lance-t-il en partant. Et le plus incroyable est qu'il y parviendra, en s'enfuyant au Viêt-nam dès le mois de juin, et en rejoignant la France où il racontera son aventure à François !

Pour l'instant, ce dernier fait partie des 600 derniers étrangers présents au Kampuchéa démocratique, derrière les grilles d'une ambassade qui n'est plus qu'un campement d'hommes et de femmes déchirés par les drames auxquels ils viennent d'assister impuissants, démunis de tout pouvoir d'intervention. Reste à s'organiser pour subsister. Chargé du ravitaillement en eau potable, François creuse un puits avec des Français. Les soldats fournissent du riz et des porcs, tués ensuite par un chirurgien qui répartit la viande. Régime spartiate et conditions sanitaires précaires au goût de nombreux Européens, qui finissent par s'estimer les pires victimes de la Révolution...

« On était pourtant loin du sort des déportés, soupire aujourd'hui François. Etonnant comme notre situation jugée catastrophique a polarisé l'attention de l'opinion internationale, faisant passer au second plan le sort réservé à la population khmère. » Lui, pourtant, a l'occasion de sortir de la ville en sa qualité d'interprète. Six jours après la chute de Phnom Penh, un chef khmer rouge lui enjoint d'aller chercher en mini-bus des Français, repérés à treize kilomètres au nord, parmi lesquels des moines bénédictins dépendant du monastère de la Pierre-qui-Vire. Toujours le vide. Plus une âme dans les quartiers de Russey Kéo ou du kilomètre 6 auparavant surpeuplés. Rien que des chiens et des cochons en quête de nourriture parmi les détritus et quelques patrouilles à la recherche d'éventuels citadins cachés. Puis tout à coup, juste au kilomètre 13, des milliers de personnes couvrant l'étendue des rizières ou campant dans les ruines des villages dévastés par la guerre. Une masse craintive, un immense troupeau apeuré, qui attend son ordre de marche forcée. François y reconnaît des amis, Khmers et Chinois, qui lui font des signes discrets, jetant un regard anxieux vers les gardes assis à ses côtés. Impossible de répondre. Une indifférence obligée face à tous ces visages vrillés d'angoisse, que François n'oubliera jamais.

Mais où vont-ils ? Quels sont les vrais motifs de leur effroyable anxiété ? Et pourquoi les Khmers rouges ont-ils agi ainsi ? Les mêmes questions reviennent, telle une lancinante douleur qui renforce encore la curiosité de François. Alors, de retour à Phnom Penh, il veut en savoir plus et quitte un matin l'ambassade, un balai sur l'épaule et un seau à la main pour prétexter une tâche urgente de nettoyage à l'extérieur. Un ami l'accompagne et les Khmers rouges de garde laissent passer ces « deux valeureux travailleurs de l'Angkar » qui remontent le boulevard de la Démocratie et entrent sans hésiter dans l'évêché, le but de leur sortie.

A l'intérieur, dans les bureaux et les appartements occupés par des soldats depuis le 17 avril, tous les livres et les registres, les documents et les manuscrits ont été brûlés. Les archives de l'Eglise sont déjà parties en fumée ! « Les Khmers rouges ont aussi voulu faire table rase de ce passé-là pour rebâtir l'Histoire », constatera Mgr Ramousse, reclus aussi dans les jardins de l'ambassade. Pour l'évêque de Phnom Penh, c'est ce jour-là qu'est née, en François, l'idée d'écrire un jour prochain un livre sur l'histoire de l'Eglise du Cambodge, pour sauvegarder une mémoire courant sur près d'un demi-millénaire et dont les traces étaient menacées d'effacement.

Là n'est pas d'ailleurs le seul acquis de cette expédition à l'évêché : il réussit à sauver miraculeusement les quatre premiers chapitres traduits en khmer de l'Evangile de saint Matthieu. Bientôt, il les rapportera en France afin de poursuivre le travail commencé si difficilement avec les quatre pasteurs cambodgiens, désormais aux mains des Khmers rouges.

Cette fois, en effet, se profile le départ des étrangers. Obsédés par l'idée de parvenir à « l'auto-suffisance » dans tous les domaines et de montrer, tel un reflet parfait de leur idéologie, que « le Kampuchéa nouveau compte uniquement sur ses propres forces et n'a besoin de personne », les Khmers rouges refusent l'envoi, par la France, d'avions chargés de l'évacuation. Leurs camions, en fait des GMC américains et des Molotovas chinois, rapatrieront les étrangers. Le premier convoi part au matin du 30 avril, emportant la majorité de l'effectif, priorité étant donnée aux non-Français ainsi qu'aux familles. « Trois jours plus tard, précise François resté bien sûr à Phnom Penh, nous n'avions toujours aucune nouvelle de leur voyage. Presque tous, alors, nous avons cru à leur disparition, à leur exécution sommaire au bord de la route. Bientôt notre tour... Le soir même, nous vidions nos dernières bouteilles comme des condamnés à la veille de leur mort. Le lendemain, heureusement, nous apprenions qu'ils étaient passés en Thaïlande via la ville de Poipet, située à l'extrême ouest. »

Son convoi parviendra au même point-frontière quelques jours plus tard. Mais que de détours pour quitter le Kampuchéa démocratique ! Seulement quatre-vingt-dix kilomètres parcourus la première journée ! Un itinéraire savamment calculé pour que ces Occidentaux ne tombent pas sur les masses de corps en putréfaction de vieillards, de jeunes enfants ou de militaires fusillés, traces monstrueuses de l'exode infernal et des premières tueries. Mais les paysages qui défilent sous les yeux de François sont morts eux aussi ! Les bas-côtés de la route sont jonchés de véhicules abandonnés, renversés sur le toit, auxquels on a retiré les pneus pour faire des sandales « Hô Chi Minh ». Les bâtiments éventrés témoignent de l'âpreté, de la rage des derniers combats. Même les hauts palmiers à sucre ont été fauchés par les bombardements ou brûlés au napalm ! Kompong Chhnang, Pursât, Maung, Battambang, Thmâr Kaul, Mongkolborey, Sisophon, Poipet, toutes les cités traversées sont désertes. Personne non plus dans les rizières en ce début du mois de mai, période où les labours auraient dû se terminer. Certains champs sont parsemés de cratères de bombes, d'autres couverts de plantations de patates douces, ces tubercules si rarement cultivés au Cambodge auparavant. Que s'est-il réellement passé ? Et qu'est-il advenu des centaines de milliers d'habitants de ces villes et de ces régions soudain dépeuplées ? Pourquoi la vie, leur vie, s'est-elle volatilisée ?

A une reprise, seulement, le triste décor s'anime quand le convoi atteint le cœur des fameuses « zones libérées », sous contrôle des Khmers rouges depuis plusieurs années. Là, une armée de civils est au travail. Chantier titanesque : des milliers de jeunes gens érigent une digue à mains nues, charrient des mètres cubes de terre armés de paniers en osier, tandis que les bonzes eux-mêmes sont réquisitionnés pour la réparation d'un pont. Plus loin, le convoi croise des petits groupes épars de marcheurs le dos courbé, arrivant de nulle part, allant vers le néant, incapables de lever les yeux au ciel de peur de rencontrer un regard, tellement ils sont prisonniers de leur épouvante. Viennent-ils des villages qui semblent brûler, au loin, sous les panaches de fumée noire s'élevant dans le ciel, assombri par les prémices de la mousson ? Ces questions, obsédantes, heurtent l'âme et l'esprit de François. Et jamais aucune réponse, jusqu'à son arrivée à la ville frontalière d'Aranyapratêt en Thaïlande, où la Croix-Rouge attend les ultimes arrivants du Cambodge. Avec leur départ, celui-ci est coupé cette fois totalement du monde extérieur, se referme sur lui-même, comme pour vivre une folie meurtrière à huis clos.

Le Kampuchéa démocratique n'a alors que trois semaines d'existence. Mais, en ce court laps de temps, la société khmère a déjà implosé. Malgré sa présence à Phnom Penh lors de l'expulsion tragique de la population, ses parcours dans la capitale déserte puis son trajet routier vers l'ouest, François n'a rien vu ! Pourtant le pire éveille ses soupçons. « L'épreuve, pour moi, fut aussi de n'avoir aucune prise sur la réalité, confie-t-il vingt-cinq ans plus tard. De flotter impuissant sur la vague de l'Histoire. Jamais, je n'aurais pensé que le cours des événements puisse réduire les hommes à ce point, les rendre impassibles. Soudain, leur volonté s'est évanouie, s'est trouvée annihilée par une force énorme – celle de l'Angkar – montée des entrailles de ce pays en guerre. Une impression m'a littéralement assailli : celle d'un gâchis féroce. Non pas en premier lieu pour notre travail missionnaire brutalement interrompu ; mais au nom de tous ces Khmers qui avaient peuplé ma vie durant dix ans, au nom de leur peuple que j'avais tant appris à aimer. Quel avenir après un tel séisme ? »

« Tu verras, ton sort va devenir le nôtre. Nous aussi allons être expulsés par l'arrivée au pouvoir de révolutionnaires marxistes », prédisent, résignés à leur tour, ces autres prêtres des Missions étrangères qui accueillent François à son arrivée à la frontière, puis à Bangkok. Ce pessimisme a une cause, encore ignorée des derniers arrivants du Cambodge : Saigon est tombé le 30 avril aux mains des Nord-Vietnamiens et des maquisards vietcongs. L'Indochine a basculé en moins de deux semaines aux mains des communistes. Les Américains et les régimes à leur solde sont balayés. A qui le tour ? La poussée semble irrésistible. Elle menace désormais la Thaïlande. Toujours la stratégie des dominos...

En fait, seul le petit Laos tombera encore à la prochaine saison sèche, en décembre 1975. Et plus tard, bien plus tard, en un fantastique retour de balancier dont l'Histoire a le secret, les dominos tomberont de l'autre côté... Mais qui, en mai 1975, peut prédire pareil retournement de situation ? Personne. Et si peu nombreux sont finalement les hommes qui souhaitent, espèrent une telle évolution !

« Le fond de l'air est rouge », titrait un film militant de l'époque. Qui ne croit pas, en effet, et surtout parmi la jeunesse occidentale de cette période, aux « lendemains qui chantent » ? Mai 68 en France et son influence finalement tardive ; la guerre du Viêt-nam aux Etats-Unis ; le tiers-mondisme triomphant et le socialisme associés au progrès de l'humanité ; la Révolution culturelle chinoise qui fait rêver nos intellectuels ; l'inaudible vérité sur les crimes par millions du communisme malgré la publication de *L'Archipel du Goulag ;* l'avenir politique offert en France au « Programme commun » de gouvernement incluant les communistes ravis de la chute de Phnom Penh. Comment, dans ces conditions, les Khmers rouges « portés par le souffle de l'histoire » ne seraient-ils pas dans le camp de l'Espoir et de la Vérité ? Après tout, eux aussi sont des progressistes !

Sitôt le pied posé sur le sol français, à son retour de Thaïlande, François se heurte de plein fouet à cette idéologie en vogue. Car lui peut parler de ses trois semaines passées au Kampuchéa démocratique. Les premiers étrangers évacués n'ont pu faire de déclaration à la presse. Le black-out total a été respecté afin de ne pas gêner le second rapatriement. Celui-ci effectué en bon ordre, les langues peuvent enfin se délier. « Y a-t-il quelqu'un du deuxième convoi en provenance de Phnom Penh ? » interrogent à Roissy des journalistes à l'affût des avions en provenance de Bangkok. François s'avance devant les micros et les caméras. Sans décliner son identité de prêtre, il témoigne en quelques mots précis : la mise à sac des villes, la déportation massive de la population, la manière dont le pays s'isole pour vivre, semble-t-il, la folie d'une révolution. Bref, ce qu'il a vu et entendu. Rien de plus. Rien de moins non plus.

Ses propos font l'effet d'une bombe. Ils passent en boucle sur les radios et aux journaux télévisés de la mi-journée. Un voile se lève, momentanément, sur le Cambodge tombé aux mains des Khmers rouges. Les paroles de François portent loin et frappent juste. A tel point que les Renseignements généraux, qui le filent depuis ses déclarations à la presse, le jugent menacé et lui proposent une protection rapprochée, naturellement refusée. Et puis des voix contraires se lèvent bientôt sur les ondes. Sans jamais contredire point par point son témoignage – et pour cause ! – elles en contestent quand même l'origine, le bien-fondé, la véracité. Cet homme, dont on a découvert en plus qu'il était prêtre, ne peut être que suspect : sans doute un « valet des impérialistes » ou un nostalgique de la colonisation, peut-être même un agent de la CIA. Tout est possible. Le réel compte si peu...

« Un pestiféré. » François ressent ainsi sa situation durant quelques semaines, osant à peine dire qu'il arrive du Cambodge. Qu'opposer dans l'immédiat à cet obscurantisme ? Et puis, avec son tempérament rageur et emporté, il claque la porte face à tant d'aveuglement, de bêtise, d'idées fausses et d'ignorance entretenue. David (les Khmers rouges) avaient terrassé Goliath (les Américains). L'histoire était trop belle. Trop simple. Et si conforme à l'idéologie ambiante...

Retour à Sallanches. L'été dans les alpages, histoire de récupérer de ce « terrible coup de bambou ». François ne plonge pas dans l'inactivité pour autant. Il travaille dans l'affaire de l'un de ses frères, qui a investi dans la fabrication et la vente de cartes postales. Manutention et livraisons à longueur de journée. Le travail de manœuvre est une sacrée thérapie. Mais le Cambodge est toujours là, chevillé à son âme, personnifié par tous ces visages de Khmers restés dans leur pays en convulsion et qui surgissent de la mémoire intacte.

Où sont-ils ? que vivent-ils à présent ? Eternelles interrogations qui fusent, qui rongent, mais finissent par révéler le goût de l'action, une soif à étancher d'urgence. Impossible d'en rester là. Il va falloir savoir...

7

« Cambodge année zéro »

« Le 23 avril 1975, six camions attendaient devant la préfecture de Battambang. Quand l'appel fut terminé, tous les officiers mirent leur sac sur l'épaule. Certaines épouses nous regardaient avec anxiété, d'autres pleuraient. A treize heures trente, les véhicules s'ébranlèrent l'un à la suite de l'autre. A l'arrière, suivait un camion non bâché, avec une quarantaine de Khmers rouges en armes. Nous avancions lentement, à trente kilomètres à l'heure, sur la route nationale 5. Après un court voyage, le convoi bifurqua sur une piste rejoignant le Phnom Thippadey. Au carrefour, nous remarquâmes deux mortiers de 30 mm, un autre de 60 et un autre de 81, ainsi qu'une trentaine de soldats en armes, puis d'autres, cachés dans les fossés au bord de la route. Un Khmer rouge sortit de la forêt et nous donna l'ordre de descendre. Comme nous prenions nos sacs à dos, il dit : “Ce n'est pas nécessaire d'emporter quoi que ce soit, nous ne nous arrêtons qu'un instant.” Nous nous assîmes en groupe. Je murmurai à mes compagnons : “Ils nous ont amenés ici pour tous nous massacrer ! Attention !” »

« Quinze minutes après notre descente des camions,

nous entendîmes partir une dizaine de coups de fusil AK47 chinois. Je pensai : “Cette fois, c’est fini ! La mort est là !” Un déluge de feu commença à pleuvoir sur nous. La fumée s’élevait en nuages épais et nous ne voyions plus rien. On entendait un bruit d’enfer, comme sept tonnerres à la fois ! Je me couchai à terre de tout mon long, puis me levai et courus vers le sud. A peine avais-je parcouru cent mètres que deux projectiles volèrent dans ma direction et touchèrent mon bras droit, entaillant ma veste et brûlant ma chair. Je regardai en arrière : mes amis tombaient pêle-mêle, d’autres se relevaient pour courir encore, mais ne pouvaient s’échapper des griffes de la mort. Les Khmers rouges usèrent alors d’armes de tous calibres. Tous les camarades perdirent la vie à l’exception de trois : le commandant Phim Uon et deux autres dont je ne connais pas le nom. Tous les quatre, nous étions blessés légèrement. Les Khmers rouges continuaient de tirer sans arrêt dans notre direction, si bien que nous nous sommes dispersés. Je plongeai dans une touffe de roseaux et restai silencieux, à quatre kilomètres environ du lieu du massacre. J’étais à bout de souffle, bouleversé, désespéré. »

Ce récit émane de Phal Somnang, ancien capitaine de l’armée cambodgienne, réfugié en Thaïlande le 17 février 1976, où le commandant Phim Uon est arrivé, lui, dès le mois d’octobre 1975. Tout concorde, de l’heure du départ des camions au calibre des obus de mortier, en passant par la silhouette montagneuse du Phnom Thippadey. Surtout, ce massacre des officiers de Battambang est attesté par de nombreux témoins civils qui ne se sont jamais rencontrés.

Sam Suon, venant de Phnom Penh et passant par

là une semaine plus tard, a remarqué les monceaux de cadavres gonflés dans leurs treillis.

Yen Savannary, ancien professeur dans la capitale et travaillant près du Phnom Thippadey en septembre 1975, a vu des tas d'ossements au bord de la départementale 64 (la piste évoquée par Phal Somnang). « Ce sont les restes des officiers de Battambang, lui confia même un Khmer rouge. Nous leur avons fait croire qu'ils allaient accueillir le prince Sihanouk, mais nous les avons tous tués. Ici, il n'y en a que six camions. Mais sur la départementale 54, il y en a eu huit autres... »

Pas d'équivoque. Les témoignages s'accumulent, confirment l'incroyable. Rien que pour cette unique province de l'Ouest, ils sont édifiants.

« Villes désertes et jonchées de meubles sortis des maisons abandonnées à l'injure du temps », rapporte un réfugié qui est allé couper des arbres à l'intérieur de l'hôpital de Battambang en août 1975.

Scènes atroces d'excécutions de milliers de militaires parfois accompagnés de leur famille, notamment à la ferme d'expérimentation khméro-japonaise proche de Phnom Thom, dont Sô Vichéa, technicien agricole de Sisophon, rencontre quelques survivants effarés, « incapables de prononcer le moindre mot ».

Répartition de la population citadine dans les villages isolés des zones « libérées » de longue date : « Les gens de Pailin on été envoyés à Treng, Chak Chha, Romus Ngéa, Roung, Kompong Kol et Boeung Trasal, villages à l'intérieur de la forêt », raconte Chan Dara, ancien greffier de Païlin.

« Enfin ! Voilà l'explication du vide impressionnant qui m'avait tant serré le cœur lorsque j'ai traversé cette région lors de mon expulsion », se dit François qui recueille, note, compare, recoupe et vérifie un à un tous ces récits.

Lui n'est pas au Cambodge interdit bien sûr, ni même en Thaïlande ou au Viêt-nam, pays où affluent en désordre les premiers rescapés de la terreur khmère rouge. Il est resté en France après son rapatriement et travaille en plein cœur de Paris, rue du Bac, au siège d'« Echange France-Asie ». Cet organisme a été créé par les Missions étrangères dans un but bien précis : mieux faire connaître le continent asiatique ainsi que toutes les nations qui le composent et leurs Eglises si différentes, grâce à un bulletin d'information, la publication de documents et de livres. François y a trouvé un point d'ancrage depuis la rentrée 1975.

Très vite, et à peu près dans le même temps, 20 000 Khmers ont déjà fui leur contrée bouclée par les vainqueurs du 17 avril. Et environ 5 000 d'entre eux ont gagné la France, formant sans le vouloir un vivier foisonnant d'informations sur la situation réelle au Cambodge. Et pourtant, François n'y a pas puisé dès le départ comme un nostalgique. Les réfugiés sont aussi allés vers lui, via les Missions étrangères ou par la rumeur qui se propage dans cette population déracinée : « Un secours, une aide, une simple écoute existent à Paris : ce jeune prêtre, qui connaît par cœur notre langue et le pays khmer tout entier. »

En fait la rencontre est inéluctable, inscrite dans le passé de François et des autres. « Tout s'est enchaîné si vite ! se souvient celui-ci. Leurs souffrances innommables, inaudibles pour beaucoup de mes compatriotes. Et mes dix années au Cambodge ! Cette longue acculturation ponctuée, au final, d'un drame historique éveillant en moi le désir presque naturel d'en connaître la suite et de ne pas distendre le lien ténu tissé si patiemment avec le peuple khmer. »

Le destin... Ou plutôt deux destins qui se conjuguent Sans doute à cause d'eux, mais inconsciemment à l'époque, François refuse de repartir vers un autre pays et une nouvelle mission qui lui sont alors proposés. Il éprouve d'abord le besoin de souffler, de « digérer » les événements, de renouer le contact avec une Eglise de France où tant de choses ont évolué depuis 1965, à la suite du concile Vatican II. Puis l'afflux des premiers réfugiés lui trace bientôt sa voie, lui dicte un projet immédiat : tenter de dire au monde ce qui se passe vraiment au Kampuchéa démocratique.

Toujours la solitude. Ce n'est plus celle de l'étranger perdu entre la terre et l'eau dans l'immensité mouvante de l'Asie, mais celle du travailleur obscur et acharné dans un petit bureau du septième arrondissement, qui commence une enquête au long cours. Qui se soucie alors du Cambodge, six mois après la chute de Phnom Penh ? Pas grand-monde. Les étrangers évacués, le pays clos a sombré dans l'oubli. D'ailleurs, ses dirigeants ont eux-mêmes érigé un mur de silence en guise de frontière. Seuls les fuyards qui la traversent au péril de leur vie sont porteurs de nouvelles à prendre en compte... avec de sérieuses réserves.

« Tout exilé n'est-il pas conduit à noircir le régime qui l'a fait souffrir ? » s'interroge François, obsédé par l'idée d'être pris en défaut et manipulé. « N'exagère-t-il pas la portée de certains faits avec le recul du temps et après avoir vécu dans l'atmosphère surchauffée des camps de transit, où l'imagination amplifie et déforme les moindres rumeurs ? » Raison de plus pour mener ses investigations sans forcer sa nature, et donc avec cette extrême rigueur qui caractérisait déjà son apprentissage du khmer et sa découverte de la civilisation cambodgienne.

François possède un collaborateur essentiel en la personne du père Robert Venet, figure de la mission du Cambodge, présent dans les camps de Thaïlande dès 1975 et qui lui adresse, réunies sur des cassettes, les confessions poignantes de nombreux réfugiés. Très vite, ainsi, la convergence de témoignages indépendants, portant sur des secteurs géographiques éloignés les uns des autres à l'intérieur du Cambodge et recueillis dans la langue maternelle des candidats à l'exil peu de temps après leur passage de frontière, conduit à la véracité des faits énoncés. En outre, une centaine de Khmers font l'effort d'écrire, pour lui, le récit de leur vie dans le Kampuchéa démocratique. Ils sont instituteurs, mécaniciens, médecins, pêcheurs, employés de bureau, soldats, étudiants, pharmaciens et fonctionnaires. Parmi eux se trouvent même d'anciens Khmers rouges, des bonzes, un chauffeur de camion et un prince en exil. Leurs témoignages noircissent près de cinq cents pages manuscrites ! Une mine... Mais encore faut-il puiser à d'autres sources pour étayer toutes ces affirmations, leur donner un caractère indéniable. Et là, François dispose d'une longueur d'avance en raison d'un atout formidable.

« Ici, Phnom Penh, radio diffusant la voix du Front uni national du Kampuchéa. Frères compatriotes, camarades honorés et aimés, autrefois, du temps de

Lon Nol, le super-traître, super-corrompu et sa bande vendue aux Américains, vous étiez malheureux, opprimés, vous étiez dans l'enfer le plus profond, connaissant seulement la misère, la faim... Maintenant, sous la conduite éclairée, les directives justes et correctes de l'Angkar, avec son aide et par son éducation, vous connaissez enfin le bonheur et la prospérité... » Chaque jour, pendant plusieurs mois, il écoute fidèlement la radio des Khmers rouges, captée à partir des zones frontalières de Thaïlande et dont des enregistrements quotidiens lui sont acheminés à Paris. Le grand défrichage commence, parmi les éditoriaux politiques ultras, les chants révolutionnaires, les histoires édifiantes des camarades héroïques, les exposés sur la construction des digues, les conseils sur l'élevage des porcs et la foule des slogans – « s'aider par soi-même », « avec le riz, on peut tout avoir », « devenir maître de l'eau à 100 % » – qui doivent souder les individus dans la nouvelle nation khmère.

Quel baragouin idéologique ! Des termes inédits apparaissent comme « Kamaphibal » qui veut dire « cadre » ou « Aekareach-méchastar », « indépendance-souveraineté ». « Youth », qui signifie « guerre », devient la racine d'une partie des mots nouveaux. Bon nombre de ces derniers sont issus de l'épouvantable jargon marxiste. Mais d'autres sont utilisés pour les besoins d'une propagande abstraite : « conscience », « fierté », « communauté ». Des termes savants, présents autrefois dans les seuls écrits des lettrés, deviennent d'usage courant et voisinent avec les expressions populaires. Le vocabulaire des zones rurales enclavées remplace les expressions les plus raffinées du savoir-vivre urbain. Cette transformation s'est opérée à une vitesse incroyable. A tel point que les réfugiés débarqués en France adoptent déjà cette nouvelle terminologie qui contribue, elle aussi, à la transformation du pays.

François navigue difficilement dans cet imbroglio linguistique, armé de sa connaissance du khmer et de conseils de Cambodgiens en exil. Il rencontre à Paris des intellectuels proches des Khmers rouges et fait son marché dans les librairies diffusant la littérature maoïste. Laborieuse étude sémantique, idéologique. Mais voie obligée pour la compréhension d'un phénomène historique, tout comme l'écoute astreignante de la radio, devenue un instrument privilégié de formation du peuple khmer. Ne révèle-t-elle pas que tout est orienté, là-bas, vers la révolution intégrale et le travail exténuant, sans fantaisie ni sentiments qui pourraient un seul instant détourner de cette mission quasi sacrée ? Qu'on se le dise ! Le Cambodge est devenu « un vaste chantier où "le jour et la nuit n'existent plus", mais où l'on travaille "sans cesse", "sans craindre la fatigue", "dans la joie et l'enthousiasme", chaque réalisation étant considérée comme une "victoire" ».

Tous les faits qui lui sont rapportés, François ne les entasse pas uniquement comme de simples preuves dans son bureau d'« Echange France-Asie ». Il les resitue dans un contexte précis : la construction d'une autre société au Cambodge. Finalement, ils n'ont de vraie valeur qu'en ce sens. Bien sûr, certains peuvent s'expliquer par la vengeance des vainqueurs de toute guerre, d'autres par l'irresponsabilité de cadres subalternes peu formés. Mais lui pense d'abord, et par souci d'impartialité, que l'ensemble s'inscrit bien dans un projet concerté pour l'établissement d'un monde nouveau.

Un diplomate suédois confirme son analyse : « Révolution radicale et destinée à mener plus loin que celle de la Chine et de l'URSS », juge Kaj Bork, ambassadeur, après une visite au Kampuchéa démocratique entre le 20 février et le 6 mars 1976. Et il ajoute : « Par son radicalisme, elle est à la fois fascinante et terrifiante : c'est le seul exemple d'une révolution qui ait autant transformé un pays en de si brefs délais mais c'est aussi, sans conteste, une révolution dont le coût, en vies humaines, est exorbitant. »

François n'a assisté qu'au début : l'exode en flots serrés, dans la cohue indescriptible, où chacun tentait de ne pas perdre ses parents, ses enfants. Il sait maintenant qu'une partie de cette marée humaine n'est pas allée loin. La faim, la soif, la chaleur torride et le désespoir ont signé l'arrêt de mort des plus faibles. Des victimes par milliers ! Quant aux rescapés, ils sont tous passés par les mêmes « aiguillages » à la sortie des villes : des haut-parleurs ou des inscriptions sur tableaux noirs les attendaient, invitant les officiers et les hauts fonctionnaires à se présenter pour « former une nouvelle armée », « réorganiser le pays » ou « accueillir le prince Sihanouk ». Malheur à ceux qui se sont laissé berner par de telles promesses ! Ils ont été exécutés sans autre forme de procès, à l'instar des militaires de Battambang. Des dizaines de milliers de morts en plus !

« Comment notre Occident "civilisé" pourra-t-il croire à un tel massacre ? » se demande François, lors de sa collecte d'informations diluviennes. Puis il regarde en arrière, se remémore l'histoire de son pays d'adoption et remarque que cette furie ressemble au sort réservé jadis par les rois khmers à leurs ennemis vaincus : les chefs massacrés, leurs sujets menés en esclavage pour bâtir notamment les temples d'Angkor. Eternel recommencement. Mais comment imaginer que de telles pratiques perdurent au vingtième siècle ?

Et pourtant la radio de Phnom Penh le martèle sans arrêt : à partir du 17 avril 1975, les quatre millions et demi de Cambodgiens habitant les zones gouvernementales qui ont rejoint leurs frères des « zones libérées » sont devenus des « prisonniers de guerre ». A l'antenne, on les appelle le « peuple nouveau », par opposition au « peuple ancien » vivant sous le contrôle des Khmers rouges depuis le début des années soixante-dix. Une césure terrible, qui rappelle la distinction maoïste entre « catégories rouges » et « catégories noires ». Mais ces dernières, en Chine, représentaient un habitant sur cinq, contre plus d'un sur deux au Cambodge...

« Naître du grain de riz. » Le commissaire politique rencontré à Phnom Penh ne clamait pas son utopie au hasard. Lui et ses acolytes sont par ailleurs conscients que seule l'autonomie économique peut assurer l'indépendance nationale. Or, la richesse du Cambodge est d'origine agricole. Alors tout pour le riz, base de l'alimentation, principale denrée d'exportation et véritable plante matrice de l'homme révolutionnaire ! Un vieux dicton l'assure : « On fait la guerre avec le riz et la rizière avec de l'eau. » Du coup, la population est attelée comme une bête de somme à la construction d'un immense réseau hydraulique, capable de favoriser trois récoltes par an. Une entreprise prométhéenne. Pour domestiquer le Mékong et stocker l'eau des pluies dans des barrages infinis. Bref, pour « changer la géographie ».

Folle réminiscence des temps angkoriens. Quand les Khmers étaient montés au faîte de leur puissance grâce à l'explosion démographique provoquée par les trois récoltes annuelles de rizières scientifiquement irriguées. Fanatisés par cette grandeur passée, les dirigeants de l'Angkar s'engagent sur la trace de leurs glorieux ancêtres. A Paris, François peut se faire une idée du chantier car chaque émission de radio fourmille de chiffres concernant les dimensions des réalisations, précisant même le nombre de mètres cubes de terre transportés et d'hectares irrigués. La démesure partout ! Le Cambodge est remué par des légions d'esclaves aux mains nues, qui forment « la chair et le sang de la nation ». Les speakers khmers rouges parlent aussi d'« une armée au travail » à propos des adultes répartis en différentes « forces ». Les « troupes d'élite » constituées de jeunes gens doivent « lancer l'offensive » en perçant les canaux et en construisant les digues. Ils se déplacent sans arrêt, à l'instar des hommes mariés de moins de cinquante-cinq ans, la « seconde force » dirigée, comme la première, par un type d'autorité tricéphale confiée à des révolutionnaires chevronnés. Là encore, les missions harassantes sont continuelles et les éloignent de leurs épouses réquisitionnées dans les rizières. Les plus âgés, eux, restent au village, organisés par groupes de dix, fabriquant des outils agricoles, réparant les cordes ou les paniers. Enfin, de six à douze ans, les enfants vivent dans des maisons séparées, étudient en plein air sous la conduite d'un instituteur recruté pour ses qualités révolutionnaires plus que pour ses compétences pédagogiques. Qu'importe, puisque la lecture et l'écriture deviennent accessoires ! « Pas besoin d'être instruit pour cultiver la rizière. » Désormais, « le stylo, c'est la houe », tandis que « le peuple donne les vrais diplômes ». « Ce ne sont pas les intellectuels qui font pousser le riz », disent les cadres à l'adresse des anciens lettrés, avant d'ajouter : « Vivants, vous êtes inutiles, morts vous engraisserez la terre ! »

L'argent n'existe plus. La propriété privée est abolie et même les jardinets ceinturant les maisons sont supprimés, les marmites et les fourneaux individuels confisqués. La « coopérative », regroupant de cent à mille familles selon les secteurs, devient la nouvelle entité de vie. Là, tout est mis en commun. Seule la force musculaire appartient en propre au travailleur, et encore faut-il qu'il l'utilise pour « servir le peuple ». Les repas sont pris en groupe et les couverts sont alors les derniers instruments qui demeurent la propriété des individus, chez lesquels tout instinct de possession doit être extirpé à jamais.

« Ainsi structuré, note François, le peuple des fourmis anonymes travaille d'arrache-pied », « de jour et de nuit », « sans craindre la fatigue, le soleil ou la boue », ajoute la radio des Khmers rouges. En effet, bien avant l'aube, vers quatre heures et demie du matin, le gong retentit sur le Cambodge. Des nuées de silhouettes courbées, toutes de noir vêtues, partent alors dans la nuit, après un repas frugal. Elles courent vers les chantiers indiqués par les chef des coopératives. Douze à quatorze heures de travail les attendent. Pas de répit si ce n'est, parfois, une courte pause à l'instant où le soleil est incandescent. Des kilos de boue transportés comme par des automates ; des montagnes de bois coupé dans la chaleur fétide des forêts envahies de moustiques ; une charrue tirée par des hommes à la place des bœufs ; et tant d'arpents de terre vaseuse labourés, hersés puis repiqués, tant de fatigue accumulée dans les bras, les reins, et même l'esprit dévoré par cette obsession du labeur acharné !

Mais que cette faiblesse jamais ne se voit ! Personne n'a le droit de se dire épuisé. On ne s'arrête qu'à bout de forces, en sombrant inanimé sur son lieu de travail. Des barèmes sont fixés : chaque membre des « équipes volantes » est par exemple tenu de creuser et de déplacer deux mètres cubes et demi de terre par jour. Celui qui ne remplit pas ces normes est un « ennemi ». Il devra terminer son travail durant la nuit et sa ration alimentaire sera diminuée, voire supprimée. Dans la région de Thmâr Puok, en fin d'année 1975, l'objectif fixé aux moissonneurs est de vingt « tas » par jour. « Si nous ne l'atteignons pas, raconte l'un d'eux, nous n'avons qu'une demi-assiette de riz par jour avec obligation de rattraper notre retard le lendemain. »

« Qu'il pleuve ou qu'il vente, que tu sois fatigué ou en bonne forme physique, tu dois faire immédiatement et sans te plaindre tout ce que te demande l'Angkar ! » hurle la propagande. « Chaque homme doit trouver sa joie et son bonheur à être un instrument docile entre les mains de l'Organisation », explique un réfugié à François.

« Travail de titan mais régime de famine », constate ce dernier au fil des témoignages recueillis, qui lui confirment les rations de misère, les soupes claires ou les infâmes brouets distribués dans les cuisines collectives de plein air. Les pénuries alimentaires sont telles que les affamés feront bientôt, en cachette pendant les travaux, la chasse aux grenouilles, aux lézards et aux serpents des rizières, aux champignons et aux tubercules des forêts, aux rats des champs, aux fourmis rouges et aux grosses araignées dévorées crues, disputant même aux cochons le son de leur auge.

Incroyables rapines pour simplement survivre ! François constate que cette fringale planifiée correspond à la farouche volonté de briser toute résistance humaine. « Le renoncement » est d'ailleurs l'un des thèmes les plus fréquemment abordés par la radio, « renoncement à la mentalité propre et aux biens ». Bref, détachement de ses enfants, de sa famille entière, de ses amis, de sa maison. La vraie soumission. L'abandon total entre les mains de l'Angkar. Et à cet égard, un ordre essentiel est à respecter : le renoncement à toute conduite personnelle afin de « déraciner l'orgueil et les pensées tortueuses de jadis ». L'enfreindre expose à la mort.

Hystérie de la « purification ». En tout homme sommeille un ennemi. D'où ces enquêtes tatillonnes sur chaque citoyen afin de connaître sa véritable identité. Le moindre chef s'entoure d'un groupe d'espions qui observe le comportement d'autrui, tente de déceler les indices de la trahison. Dans l'espoir d'obtenir un peu plus de nourriture, des voisins, des amis en viennent à dénoncer leurs proches. Les enfants malaxés par l'idéologie naissante sont les plus zélés : ils écoutent leurs parents et les livrent à l'Angkar, à laquelle rien ne doit échapper : grâce à son armée d'espions, elle a « des yeux d'ananas », c'est-à-dire multiples.

Nul ne revient d'une convocation de « l'Organisation supérieure ». Le simple soupçon d'appartenance à l'armée républicaine ou de compromission avec l'ancien régime est une condamnation sans appel. Le fait, aussi, d'être un intellectuel ou même de paraître instruit en portant des lunettes peut signer un arrêt de mort. Car, malgré tous leurs efforts, ceux qui détiennent une parcelle de pouvoir grâce à leur intelligence, leur formation acquise avant la révolution ou leur âme irréductible, ne pourront jamais faire partie du « peuple ». Ce terme ne désigne d'ailleurs plus l'ensemble des personnes vivant dans le pays, mais tous ceux qui adhèrent à l'idéologie nouvelle et la mettent en pratique. Pour les autres, le meilleur service à rendre au Kampuchéa démocratique est de les éliminer.

Pas de procès ni de jugement : tout se passe en secret. Le suspect disparaît dans la nuit. Ses compagnons ne le retrouveront que quelques jours plus tard, le crâne fracassé par un coup de gourdin ou le visage violet, encore prisonnier d'un sac en plastique noué autour du cou qui l'a lentement étouffé.

Personne n'est dupe. Tout le monde a peur. L'angoisse se répand aussi vite que la délation. Et qu'importe au fond si des erreurs sont commises dans ces enquêtes perpétuelles ! « Il vaut mieux tuer un innocent que de garder en vie un coupable », répètent les cadres khmers rouges qui précisent, à propos des êtres rétifs à leur révolution : « A les garder en vie nul profit, à les faire disparaître nulle perte. »

Folle épuration. Bien différente de celle menée par les communistes chinois et vietnamiens. Ceux-ci ont en effet tenté de « convertir » l'homme en rééduquant les réactionnaires, considérés comme des « frères égarés ». Or, François constate, effaré, que pour les Khmers rouges il n'y a pas de conversion possible.

L'homme vicié par un mauvais système ne peut être corrigé : « ce qui est pourri doit être tranché, ce qui est infecté doit être incisé », « coupe une herbe, elle repousse ; pour l'empêcher de repousser, déracine-la ». Par de tels slogans, le nouveau régime justifie la mort de centaines de milliers de Cambodgiens fusillés, battus à coups de massue, fauchés par la malaria, la dysenterie, les infections purulentes ou lentement éliminés par la faim, les mauvais traitements et le travail inhumain, bref, le désastre sanitaire organisé.

Dans ces conditions, le rôle historique assigné au « peuple nouveau » est à la fois logique et terrifiant : construire de sa chair et de son sang l'infrastructure agricole nécessaire au développement ultérieur du pays. Au passage, la sélection naturelle et les ponctions opérées par l'Angkar auront allégé le pays de tous les « poids morts » capables de freiner son « grand bond en avant ». « Il suffit d'un ou deux millions de jeunes résolus pour construire le Kampuchéa », affirment en chœur les dirigeants khmers rouges dans une phrase convenue en forme de jeu de mots, régulièrement reprise en public et qui résonne sans arrêt aux oreilles de François grâce à la radio. Pour eux, qui pratiquent « la purification par le meurtre de masse », cette moisson de vies humaines n'est guère une catastrophe.

Elle ne l'est pas non plus, semble-t-il à l'époque, pour les dirigeants du « monde libre », les gouvernants des pays occidentaux indifférents à cette lointaine tragédie. A cet égard, une attitude résume tout : celle du président français alors en exercice, Valéry Giscard d'Estaing.

Le 8 octobre 1975, Norodom Sihanouk fait une brève halte en France. Le prince est rentré au Cambodge au cours de l'été précédent, avec le titre purement honorifique de chef de l'Etat. Dieu qu'il avait vu juste, à Pékin, lorsqu'il avait prédit, du fond de son exil doré, que ses alliés les Khmers rouges, une fois parvenus au pouvoir à Phnom Penh, « le cracheraient comme un noyau de cerise » ! Dans son palais au cœur de la capitale désertée, il n'est plus qu'une marionnette brandie par des bourreaux qui l'agitent de temps à autre, en façade, pour mieux masquer leurs crimes, offrir quelque légitimité à leur régime de terreur.

Le goût du pouvoir à tout prix. Voilà qui a placé le prince, pieds et poings liés, entre les mains des révolutionnaires avisés. Surtout, il a été dévoré par son désir de vengeance envers ces conspirateurs qui l'avaient évincé, chassé de son trône à la faveur d'un coup d'Etat en 1970. Représailles aux conséquences dramatiques. La revanche comme un aveuglement. Car la famille royale elle-même va être décimée par l'Angkar ! Pourtant, avant de démissionner en 1976, puis d'être assigné à résidence en ses appartements royaux délabrés, Sihanouk sera un temps la caution du Kampuchéa démocratique, comme en cet automne 1975, quand il passe par Paris en chemin vers les Nations unies.

François en sait déjà tant, cinq mois après la « déchirure », sur la furieuse nature du nouveau régime, qu'il rédige, le 6 octobre 1975, « dans un but strictement humanitaire et sans visée politique d'aucune sorte », une note à l'intention du président français. Tout y est résumé, point par point, de la déportation massive aux tueries planifiées, en passant par le retour forcé à la terre d'un peuple en danger de mort, sans oublier le sort des réfugiés à la recherche d'un asile. Pour gagner encore en crédibilité, la missive est contresignée de Mgr Yves Ramousse, l'évêque de Phnom Penh. Parée de ce précieux gage institutionnel, elle est remise en mains propres au chef de l'Etat, grâce à un contact des Missions étrangères à l'Elysée, juste avant la visite du prince.

« Au moins, en accueillant Sihanouk, le Président saura ce qu'il représente », espère François. Mais rien n'a jamais filtré de cette entrevue éclair, abordée par les deux hommes le sourire aux lèvres, la mine confite par toutes les préséances déployées. Aucune nouvelle de l'Elysée, ni avant ni après l'entretien. Silence radio. Même pas d'accusé de réception de la lettre, traitée par le mépris, ou peut-être même par cette négligence à peine feinte, fruit du dilettantisme qui s'imposait alors comme méthode de pouvoir.

Rage intérieure de François, qui l'engage à jeter la vérité à la face du monde entier. Ses dirigeants mesurent le séisme. Des agents de la CIA parlant parfaitement le khmer rôdent le long de la frontière thaïlandaise, où les informateurs des services secrets français sont aussi à pied d'œuvre. Leurs rapports sont édifiants, remontent tous les échelons hiérarchiques. Impossible aux hommes d'Etat de rester ignorants du drame, à moins de se voiler la face tandis que la population, elle, en est encore réduite aux suppositions. Eh bien, ces dernières, François va les transformer en certitudes étayées par des preuves intangibles.

Tout dire. Partout. Et d'abord grâce aux dossiers d'« Echange France-Asie ». Ce sont ces feuilles de couleurs ronéotypées, envoyées chaque mois à des abonnés souvent avertis des questions asiatiques, qui révèlent les premières la tornade qui s'abat à quinze mille kilomètres, au cœur de l'ancienne Indochine emmurée. « Cambodge libéré », « Kampuchéa démocratique : une révolution radicale ». Deux dossiers historiques, publiés en janvier et en mai 1976. Leurs feuillets agrafés et imprimés serré fourmillent d'informations puisées aux meilleures sources, à tel point qu'elles troublent les diplomates du Quai d'Orsay, les organismes internationaux, certains hommes politiques, personnalités d'Eglise ou journalistes. L'un d'eux, véritable autorité morale sur cette région du globe où il a effectué tant de reportages en prenant fait et cause, malgré quelques retenues, pour les révolutionnaires vietnamiens et cambodgiens, est littéralement ébranlé : Jean Lacouture téléphone à François pour lui avouer son désarroi, reconnaître la pertinence des dossiers, peser le poids des faits révélés, avouer enfin qu'il s'est trompé et que bientôt, c'est promis, il va réparer son erreur. Un livre, ou plutôt un cri, *Survive le peuple cambodgien !* *, naîtra de ce « retournement » en 1978.

De son côté, le quotidien *Le Monde* est lui aussi totalement décalé dans un premier temps. Patrice de Beer, son journaliste chargé de couvrir le Cambodge, a d'abord parlé d'« enthousiasme populaire », à la une, lors de la chute de Phnom Penh. La déportation des premiers jours lui est apparue comme « le premier et le plus spectaculaire geste des révolutionnaires ». Il avoue seulement « n'avoir pas compris » l'évacuation totale des hôpitaux. Mais « de toute façon », pour Patrice de Beer, si les malades étaient demeurés dans la capitale, ils seraient « morts dans la pourriture ». Au

* Editions du Seuil.

fil des mois et de ses lectures, François remarque que le journal ergote, trie les sombres dépêches et ne livre pas à ses lecteurs la vérité toute crue telle qu'elle se présente à lui-même. Alors, excédé un jour du début de l'année 1976 par la traduction tendancieuse d'informations alarmantes publiées par le *New York Times*, il rédige un courrier lapidaire adressé à André Fontaine, le rédacteur en chef du *Monde*.

« J'aimerais croire, écrit-il, que cette traduction ne traduit qu'une erreur, sans intention préconçue de nier l'existence des faits allant à l'encontre de l'idéologie du commentateur de votre journal. Possédant à peu près les mêmes sources que lui, ayant souvent des informations de première main avant votre envoyé spécial à Bangkok, je dois reconnaître que plus d'une fois les témoignages sont partiellement rendus (...). Des textes sont tronqués et abusivement interprétés. Sans être nostalgique d'un passé à jamais révolu, sans vouloir non plus suspecter les idéaux ou la stratégie des nouveaux dirigeants du Kampuchéa démocratique, j'estime que vos lecteurs ont droit à une information honnête. »

« Lettre sévère », reconnaît aujourd'hui François. Elle est prestement envoyée un vendredi soir, accompagnée du premier dossier d'« Echange France-Asie ».

Le lundi suivant, dès huit heures du matin, coup de fil d'André Fontaine.

« Je vois que vous êtes bien informé. Acceptez d'écrire ce que vous savez dans notre journal.

– Quand ?

– Aussi vite que possible.

– Quelle longueur ?

– Ce que vous voudrez. »

Bref, la carte blanche est donnée à l'empêcheur de mentir en rond. Les 17 et 18 février 1976, deux longs articles, dont pas une virgule ne sera déplacée, vont ébranler l'opinion, être repris par toute la presse internationale. François ne raconte que ce qu'il a vécu et surtout découvert du Kampuchéa démocratique. C'est largement suffisant. Un chiffre met le feu à son récit : déjà 850 000 morts au Cambodge ! « Estimation minimum, explique-t-il à André Fontaine. Les Américains, eux, annoncent 1,3 million de victimes. » Trois ans et demi plus tard, dans l'édition datée du 6 juillet 1979, André Fontaine parlera du « troisième génocide du siècle », alors que le peuple khmer sera encore plus plongé dans l'horreur.

« Ce siècle, écrira-t-il, a beau être chargé d'abominations, il y a un volume d'atrocités auquel l'esprit ne parvient que difficilement à ajouter foi, surtout lorsqu'elles sont le fait de gens qui ont, depuis toujours, pris le parti des pauvres contre les exploiteurs. Le fait est qu'en l'absence de témoignages directs il a fallu quelque temps pour que l'on réalise dans quelles conditions s'était déroulée, en avril 1975, l'évacuation de Phnom Penh (...). Mais, dès l'hiver 1975-1976, il ne pouvait plus subsister à ce propos le moindre doute. Le père Ponchaud, dans des articles publiés dans nos colonnes, n'avait pas hésité à faire état de près d'un million de morts. »

Mais si *Le Monde* rectifie ses positions, adaptant par la suite une rigueur courageuse grâce aux remarquables reportages à la frontière thaïlandaise, dans les camps puis plus tard au Cambodge, de Roland-Pierre Parringaux, tant de militants en tout genre continuent à nier l'évidence dramatique, par cécité idéologique ou paresse intellectuelle !

L'attitude du journal *Libération* est à cet égard édifiante. Déjà, ce quotidien parlait le 18 avril 1975, le lendemain de la chute de Phnom Penh, de « 7 jours de fête pour une libération ». Trois jours plus tard, il commentait en ces termes la marche forcée des habitants de la capitale jetés sur les routes : « Ces gens n'attendaient qu'une chose depuis des mois : pouvoir rentrer chez eux... » Puis, le 28 avril 1975, alors que filtraient dans de nombreux médias les premières informations sur les exactions des Khmers rouges, un article intitulé « Vérité et mensonges » commençait par ces phrases : « Calomniez, calomniez, il en restera toujours quelque chose. Les ennemis de la résistance khmère le savent. "La grande presse" et les radios n'hésitent pas à se faire, depuis plusieurs jours, le haut-parleur des services de guerre psychologique américains pour discréditer et isoler le pouvoir populaire qui se met en place à Phnom Penh. » Ce « papier » était signé Patrick Ruel. Près d'un an plus tard, ce journaliste campera sur les mêmes positions et fustigera, dans l'édition de *Libé* du 16 mars 1976, le contenu des articles de François publiés dans *Le Monde* quelques jours plus tôt. Sous le titre « Sdece, CIA, curés, journalistes et réfugiés », il écrira alors ceci : « L'"intox", cela existe. Nul n'en est à l'abri. Ainsi, *Le Monde* publiait, avec les honneurs de la "une", un article de deux pages sous la plume de F. Ponchaud. "Au moins 850 000 morts depuis la victoire des révolutionnaires", annonçait cet article dont l'auteur invoquait "des sources bien informées". Il est vrai qu'en l'absence d'informations directes, vérifiables sur le terrain, il est difficile d'avancer des faits précis. On peut regretter l'attitude du gouvernement cambodgien à cet égard. Ce n'est pas une raison pour raconter n'importe quoi. A moins qu'il ne s'agisse d'une pure et simple manipulation. Et tel est le cas. Il semble que la réputation de "sérieux" et d'"objectivité" du *Monde* ait été utilisée aux fins d'une opération d'intoxication de grande envergure sur laquelle nous sommes en mesure d'apporter quelques précisions. » Sur ces mots, Patrick Ruel livrait cinq colonnes de son journal à un mystérieux correspondant sans doute basé à Bangkok, signant G.M.C., mettant en cause le témoignage des réfugiés, assimilant de manière explicite le père Robert Venet à un agent de la CIA et affirmant à propos de François : « M. Ponchaud, l'auteur de l'article du *Monde*, n'est pas n'importe qui : il ne s'agit, en effet, pas d'un journaliste... mais d'un missionnaire de choc, vétéran de l'Indo, traducteur de la Bible en khmer et contraint de quitter Phnom Penh après la libération. » Bien sûr, François répondra à ce texte, le jour même de sa publication, dans une lettre au ton finalement très mesuré, rappelant au rédacteur en chef de *Libération* l'envoi, à son intention, le 17 janvier 1976, de son premier dossier sur « le Cambodge libéré ». « Vous n'avez pas daigné m'en accuser réception, précisera-t-il. *Le Monde* l'a jugé suffisamment sérieux et m'a demandé d'en faire un article. Vous avez préféré le faire critiquer par un de vos collaborateurs. (...) Mon propos n'est pas d'entamer une polémique stérile. Le Cambodge y serait rapidement récupéré au profit de querelles partisanes. Mon unique but est de clamer à la face du monde la souffrance présente du peuple khmer. » Mais Dieu que cette souffrance est difficile à seulement faire entendre...

Maurice Clavel n'affirmait-il pas, un jour, que « le dernier marxiste convaincu recensé sur terre serait un curé breton » ? Il arrive que la provocation sonne juste. Sans être tous, et de loin, originaires des diocèses du massif armoricain, de nombreux prêtres écrivent à François des lettres d'invectives le rangeant, à leur tour, dans le camp des impérialistes revanchards, des colonialistes aigris, des traîtres à la cause du tiers-monde en voie vers sa libération. D'autres, moins agressifs et plus mielleux, avouent « comprendre ses propos bien excessifs » : ce qu'il a vécu après la chute de Phnom Penh a légèrement troublé sa raison et l'émotion l'a propulsé dans le camp de ces réfugiés forcément suspects, puisqu'ils arrivent d'un pays progressiste et non d'une dictature bien identifiable d'Amérique latine.

Une preuve parmi tant d'autres : l'impossible admission de François au sein d'une équipe de l'Action catholique ouvrière.

Curieux de ce monde ouvrier qui lui est étranger en raison de ses origines paysannes, il cherche à devenir simple observateur au sein de l'ACO, dans une paroisse de Fontenay-sous-Bois animée par Jacques Dhion, un prêtre de ses amis. Seulement, on ne s'inscrit pas dans ce mouvement sans de sérieuses références idéologiques. Et le passé d'un missionnaire au Cambodge semble poser quelques problèmes... Les militants locaux appellent à la rescousse des responsables nationaux qui convoquent aussitôt François pour une « franche explication ». En fait, il s'agit d'un interrogatoire serré, digne d'un « tribunal du peuple ». Les « commissaires politiques » de l'ACO s'enquièrent des vraies origines de l'accusé et de sa connivence avec le « prolétariat », fouaillent dans son histoire personnelle et son parcours professionnel pour y déceler des écarts de conduite par rapport à la ligne du mouvement ou de lointaines compromissions avec une institution « capitaliste » et des individus « réactionnaires ». L'insidieuse investigation dure deux heures. Au final, François est recalé en tant qu'« élément non sûr, inapte au monde ouvrier et au mouvement social ». Il n'est qu'« un suppôt de l'impérialisme américain » en raison de sa condamnation hâtive des Khmers rouges. « Echouant aux tests, je n'ai pas eu l'autorisation d'entrer dans cette secte doctrinale », commente-t-il aujourd'hui.

Dans le même temps, les Editions sociales, relais éditorial du parti communiste français, publient en 1976 *Phnom Penh libérée*, un ouvrage à la gloire de la révolution cambodgienne « insuffisamment comprise », signé de Jocelyne et Jérôme Steinbach, deux anciens coopérants qui ont passé deux années dans le pays et ont vécu, en compagnie de François, l'évacuation de la capitale et la réclusion dans l'ambassade de France. Déja, sitôt leur retour en France quelques mois plus tôt, cette institutrice et ce professeur de chimie avaient répondu à une interview dans les colonnes de *L'Humanité* du 7 mai 1975. « En fin de compte, expliquaient-ils en réponse à une question sur l'exode, les gens n'étaient pas mécontents de quitter Phnom Penh, où les conditions de vie et d'hygiène étaient catastrophiques. Quand nous avons vu les femmes de ménage qui travaillaient chez nous partir vers les zones libérées, puis revenir chercher de l'eau et du riz, revenir encore pour emporter des gamelles et des seaux, nous nous sommes dit que cela se faisait vraiment à la bonne franquette. » Résumant cet entretien, le journaliste Jacques Coubard confirmait l'évacuation, « sans aucun bain de sang », d'une capitale comparée à des « écuries d'Augias à nettoyer de fond en comble ».

Le livre de Jocelyne et Jérôme Steinbach sera bien sûr de la même veine. Une hagiographie du Kampuchéa démocratique où, en matière de production agricole, « les choses furent menées magistralement », où la récolte de riz d'octobre 1975 se révèle « très abondante », où les premiers mois de la Révolution khmère rouge sont comparés à la grandeur angkorienne : « La période qui s'ouvre est plus importante peut-être que celle d'Angkor : le peuple est maître du pays. Il a conquis non seulement son indépendance nationale, mais encore sa propre libération. » Dans ce livre, publié à l'époque où François sort ses premiers dossiers d'« Echange France-Asie », il est aussi écrit que « les opinions de tous les Cambodgiens sont respectées, mais non les activités antinationales, cela [ayant] coûté trop cher au Cambodge dans le passé ». Enfin, les récits terribles des respacés, « à qui l'on fait dire n'importe quoi », sont comparés à « des contes »...

Heureusement, une part des médias réagit autrement. Dans le quotidien *La Croix*, Jean-Philippe Caudron publie trois pages qui révèlent l'étendue des exactions à la mi-octobre 1975. Puis l'hebdomadaire *Le Pèlerin*, le mensuel *Panorama*, et *Les Etudes*, la revue des Jésuites, alimentent leurs informations sur le Kampuchéa démocratique d'articles et d'interviews de François. Où n'écrit-il pas à l'époque ! Ses « papiers » s'amoncellent dans les grands magazines étrangers, les quotidiens nationaux, la presse régionale, les petits hebdomadaires locaux et les publications spécialisées. La moindre feuille de chou est mise à profit pour relater le drame du Cambodge. « Pas de mauvais public pour faire transpirer la vérité ! »

La machine à écrire d'« Echange France-Asie » accumule les heures de frappe intensive pour imprimer des récits qui évoluent avec la révolution dévoreuse de vies humaines : toujours plus de victimes ; la terreur qui croît et s'abat désormais sur les petits employés ou les instituteurs après avoir broyé les militaires et les fonctionnaires ; les dirigeants khmers rouges qui se suspectent eux-mêmes et, emportés dans leur folie nationaliste, multiplient les provocations à l'égard du Viêt-nam.

Ces maîtres de l'Angkar, François est l'un des premiers à livrer leurs noms à l'opinion internationale, grâce à l'écoute de la radio de Phnom Penh. De plus, un réfugié, ancien pilote d'hélicoptère qui les a convoyés dans le ciel d'Asie, lui confirme leur identité. En fait, il les connaît presque tous depuis longtemps. Mais c'est au grand jour qu'apparaissent cette fois Khieu Samphan, Hu Nim, Hou Youn, Son Sen, Nuon Chéa, Yeng Sary et Pol Pot, le fameux « frère numéro un », Premier ministre. Des leaders révolutionnaires qu'une poignée de Français reconnaissent, pour les avoir croisés, jadis, dans le milieu des étudiants marxistes étrangers. Rentrés au Cambodge, en rupture avec les autorités locales, ce sont eux, déjà emportés dans leur rêve sanguinaire au point de surenchérir sur les communistes chinois et vietnamiens, qui ont élaboré ce projet démentiel au contact des paysans les plus démunis, devenus leurs fantassins aveugles, leurs gardes-chiourme d'une population asservie.

A tâtons, François cherche leurs motivations profondes, tente de percer à jour les mécanismes politiques qui ont précipité la naissance d'une telle idéologie, se demande si la culture et l'histoire khmères, qu'il croyait si bien connaître, n'ont pas, elles aussi, favorisé cette éruption de violence. Un jour viendra, au bout de ces recherches, où une piste se dessinera, expliquant en partie la tragédie. Mais dès le printemps 1976, une occasion unique se présente de témoigner, avec toujours plus de force, de la réalité du Cambodge.

« Mon père, vous possédez une mine d'or », lui lance Michel Legris, ancien journaliste au *Monde.* Ce dernier cherche, à propos du Kampuchéa démocratique, une autre version que celle propagée par le quotidien jusqu'aux articles de François. Il lui demande de lui montrer quelques documents qui, réunis dans une mallette, représentent le fameux « trésor » en question. Littéralement ébahi après une heure de lecture, Michel Legris appelle aussitôt l'un de ses contacts aux Editions Julliard. Arrivé dans la foulée, celui-ci jette un œil sur les feuillets éparpillés, s'entretient avec François durant une vingtaine de minutes et repart en lui lançant : « Je rentre au bureau et prépare pour demain votre contrat d'édition. Dépêchez-vous d'écrire ! »

François se précipite alors dans un avion pour la Thaïlande. Arrivé à Bangkok, un bus surchauffé le mène à la frontière cambodgienne. Il peut enfin entendre en direct la radio khmère rouge et tous ces réfugiés qui affluent en loques, naufragés d'une révolution déchaînée. En France, il avait écouté des commerçants chinois, des étudiants, des intellectuels traqués, des cadres républicains rescapés des massacres et des membres de la petite-bourgeoisie rebelles à la vie rurale obligée. Ici, il a affaire aux anciens ouvriers et aux paysans qui ne fuient même pas une idéologie précise mais simplement l'horreur : la faim comme une hystérie au creux des entrailles, le conditionnement qui rend fou, la discipline d'acier qui sanctionne toute faute par la mort. Certains ont dû quitter leur famille décimée, tous ont affronté les profondeurs de la forêt tentaculaire, ont déjoué les embuscades des terribles soldats coiffés d'une casquette chinoise, se sont faufilés par chance entre les champs de mines. En fait, n'échoue en Thaïlande que l'écume de la vague de l'exil. Au départ, c'était une déferlante. Mais tant de fuyards sont restés en route, le crâne défoncé à coups de masse par les gardes qui les ont capturés, le corps percé de balles ou disloqué après l'explosion d'une mine ! A peine arrivés en pays thaï, ils sont délestés de leurs biens ultimes par la police des frontières, emprisonnés, interrogés, parfois battus avant d'être parqués derrière les barbelés des camps de réfugiés. Là, ils trouvent encore la force de tout raconter à François, qui va de l'un à l'autre, s'assoit des heures durant dans la poussière pour écouter d'hallucinantes histoires vraies, plus tard vérifiées, recoupées, alimentées de détails, de dates et de décors précis, qui permettent à la vérité d'éclore sans fard.

Retour à Sallanches au début de l'été. Juste le temps d'une randonnée vers les cimes éternelles, sur les chemins escarpés de l'enfance. Puis François se met au travail. L'enfouissement dans la masse des témoignages recueillis, le tri des paroles radiophoniques, la reprise de tous les documents déjà rédigés. Enfin, l'écriture dans un unique élan avec le record, parfois, d'un chapitre par jour.

Cambodge année zéro. Le titre du livre publié dans une collection dirigée par Bernard de Fallois, laisse entrevoir l'Apocalypse. Et de fait, il annonce le pire à sa sortie, en février 1977. Mais l'ouvrage est si « bétonné », si constellé d'irréfutables informations qu'il ne rencontre aucun détracteur. Les vainqueurs du 17 avril sont pris en flagrant délit de génocide et leurs observateurs indulgents ne peuvent nier les faits. Ceux qui ont déjà repris conscience ne peuvent qu'appuyer François : « Il a joué les pionniers, écrira Jean Lacouture dans son propre livre. C'est à partir de *Cambodge année zéro* que beaucoup d'entre nous sont passés de l'anxiété immobile à la colère active, on su que le pire était là-bas en cours, que ce pays était un sinistré qui, sous quelque forme que ce soit, devait être entendu et si possible secouru. » De larges extraits de *Cambodge année Zéro* sont même publiés dans *Libération* du 7 mars 1977, qui reconnaît que l'ouvrage de François « apporte des documents, des témoignages et des analyses qui ne sont pas sans intérêt ».

Un bémol surgit néanmoins de l'étranger. L'Américain Steve Heder, aujourd'hui l'un des chercheurs les plus connus et les plus sérieux à propos du Cambodge, est à cette époque un défenseur acharné des Khmers rouges. Il cherche alors à prendre François en défaut et écrit un long article baptisé « Misinterpretation and mistranslation in cambodian words » dans la revue des *Amitiés Australie-Kampuchéa*, afin de dénoncer les soi-disant mauvaises traductions de mots khmers dans *Cambodge année zéro*, oubliant au passage que les révolutionnaires ont créé un langage nouveau. Aussitôt, Noam Chomsky, un linguiste de renommée internationale, américain lui aussi, réagit à l'article de Heder, le jugeant « *quite interesting* ».

Ce célèbre universitaire avait déjà déployé toutes les ressources de son génie dialectique pour dénoncer une recension du livre de François écrite par Jean Lacouture et parue dans la revue *New York Review of Books*. Il interdisait alors aux intellectuels occidentaux de porter un jugement sur les agissements du pouvoir à Phnom Penh, et se demandait pourquoi étaient qualifiées de criminelles des pratiques impliquées par une culture et une mémoire populaires, dont les observateurs étrangers n'étaient pas parties prenantes.

En réponse, François écrit à Chomsky une lettre de vingt pages lui indiquant que l'article de Steve Heder est une imposture, que son auteur n'a *jamais* interrogé *aucun* Cambodgien vivant au Kampuchéa démocratique et qu'il trouve aberrant qu'un Américain, du fond de son bureau, décide de la façon de parler des Khmers au Cambodge. Mais Chomsky n'en démord pas et poursuit ses attaques avec les mêmes arguments fallacieux.

Steve Heder, lui, changera de position en 1979. A cette date, *Cambodge année zéro* aura été traduit en sept langues et se sera imposé comme l'ouvrage de référence sur le Kampuchéa démocratique de Pol Pot...

Pourtant, l'organisation Amnesty International réagit avec beaucoup de « lenteur » – l'expression est de Lise Veil, alors vice-présidente de la section française – au drame cambodgien. Amnesty se donnait en fait pour mission de défendre des individus, avec des noms bien précis, et non pas un peuple entier victime de génocide. Le cas du Cambodge lui semblait trop atypique ! Et puis, personne alors n'était chargé de ce pays, son observation étant confiée à la responsable de la section « Chine ».

Même « retard à l'allumage » du côté de la Ligue des droits de l'homme, dirigée par Henri Noguères. Ce dernier ne répond même pas à la réception du premier dossier d'« Echange France-Asie » qui lui a été adressé le 19 janvier 1976. Cinq mois plus tard, le 15 mai 1976, François lui enverra le second dossier accompagné d'une lettre cinglante, dénuée de toute formule de politesse, avec notamment l'interrogation suivante en majuscules : « Si les droits de l'homme ne sont pas violés au Cambodge, où le seraient-ils ? »

Mais les responsables d'Amnesty International et de la Ligue des droits de l'homme savent-ils que la rédaction des « brulôts » d'« Echange France-Asie » et de *Cambodge année zéro* ne s'est jamais apparentée, pour François, à un acte militant ? Sa longue enquête entreprise à partir de l'automne 1975 est tout sauf une croisade. « J'ai voulu savoir, j'ai cherché à comprendre, confie-t-il d'ailleurs en préface de son livre. Il fallait éviter deux écueils : tomber dans la suspicion et la critique systématique du nouveau régime, ou céder à l'engouement pour une révolution que beaucoup, comme moi-même, appelaient de leurs vœux. »

Bref, refus obstiné d'une vision de l'Histoire en noir et blanc. Accuser les Khmers rouges n'implique pas l'oubli des errements sordides des républicains et du cynisme des Américains. Tous deux ont propulsé tant de Khmers sur les sentiers de la révolution ! Dans Phnom Penh assiégée, François vomissait tant l'incompétence et la cupidité des gouvernants affidés à Lon Nol qu'il aspirait à un changement radical de régime. Pourquoi nier cet espoir ancien, alors qu'il cherche, dans la séparation, à toujours partager le destin du peuple khmer ?

La certitude est bien le fruit du doute. *Cambodge année zéro* a beau être sans équivoque quant à « l'utopie meurtrière » des Khmers rouges, il n'a pas été écrit sans hésitations ni scrupules. « Au fond, se dit parfois François comme pour se provoquer, je ne puis que partager l'idéal des nouveaux maîtres du pays : prise en charge effective de son destin ; réalisation de la souveraineté nationale par l'indépendance économique résultant du développement des ressources agricoles ; réalisation d'un peuple à classe unique “où il n'existe ni riches ni pauvres, ni classe exploiteuse ni classe exploitée”. Dans ce projet de société, je puis reconnaître certains aspects de véritable libération... Mais puis-je accepter sans sourciller le prix versé ? Déportations, exécutions en masse, broyage systématique et scientifique de la personne humaine par le travail et la destruction des liens familiaux, suppression de toute vie de l'esprit et des richesses culturelles du pays pour transformer l'homme en fourmi laborieuse, rejet des valeurs profondes du bouddhisme qui avait mis des siècles à former l'âme khmère... Quel nouvel homme est en train de naître ? Comment puis-je reconnaître en lui le visage de Jésus, homme souverainement libre ? »

Questions qui se bousculent... La conviction est au bout des tourments de l'esprit, celui-là même que François juge avoir un peu négligé, pendant ses dix premières années de mission au Cambodge. Soudain, cette carence lui apparaît flagrante lors d'une retraite dirigée par le père Jean Laplace, dont les paroles resteront gravées dans sa mémoire. Que dit alors ce jésuite, si ce n'est en substance que « le moteur de l'action est la foi, laquelle grandit grâce à la vie spirituelle » ?

« Et moi qui croyais à mon labeur comme un bien-pensant, se dit François. Moi qui fonçais tête baissée au risque de tomber dans l'activisme épuisant, avec l'unique ressort de la générosité et ce désir fou d'être exemplaire au nom de Dieu. Finalement, je me suis aperçu qu'on ne construisait pas vraiment son royaume ; mais qu'on le recevait comme un don à faire fructifier grâce à la spiritualité. Et ce don, j'en suis devenu sûr, demeurait la richesse indestructible de l'Eglise khmère "dispersée comme les grains de blé sur les collines", mêlée à la masse humaine, construisant le Cambodge nouveau avec la boue faite de sueur, de larmes, de chair et de sang. Jamais je n'avais mesuré à quel point le levain peut être broyé dans la pâte ! »

En arrivant au Cambodge en 1965, François choisit de vivre au milieu du peuple pour s'imprégner de la langue et de la mentalité khmères.

Trente-quatre ans plus tard, sur la même presqu'île de Chruy Changvar, le dialogue avec les enfants et les jeunes est toujours une de ses priorités. Mais, dans l'intervalle, une génération a connu l'enfer…

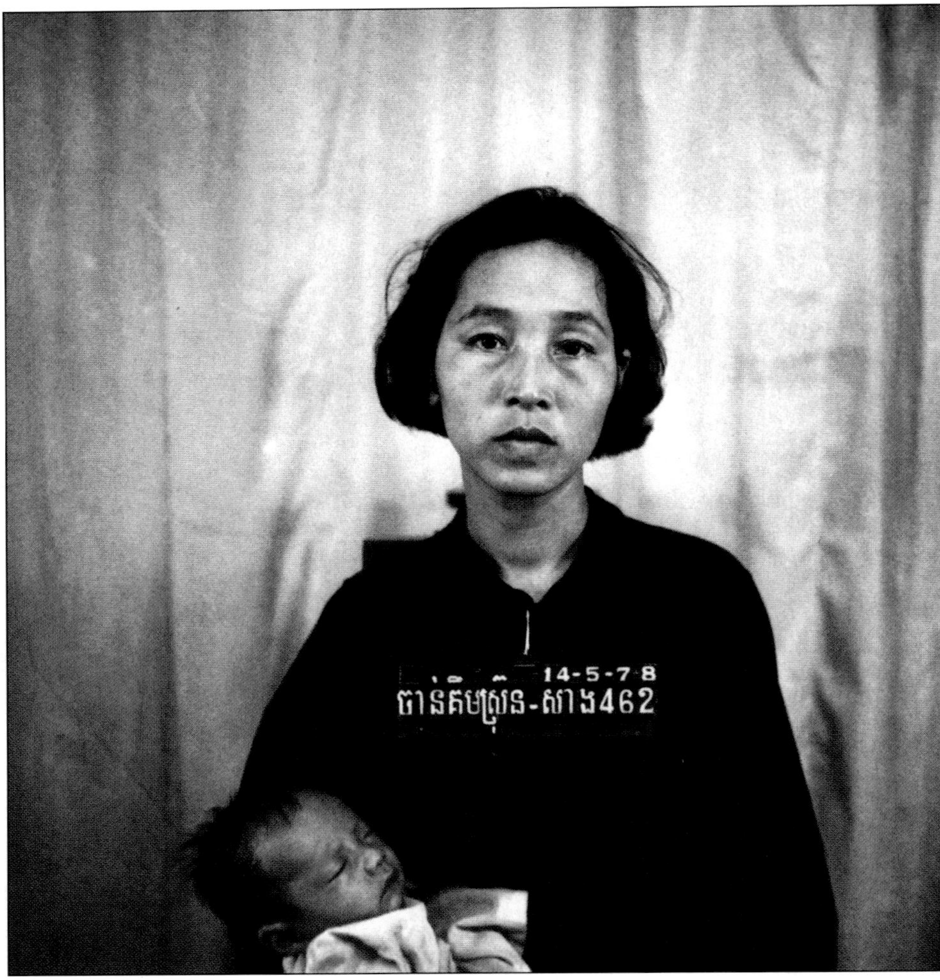

Les Khmers rouges photographièrent des dizaines de milliers d'« ennemis du peuple » avant de les abattre.

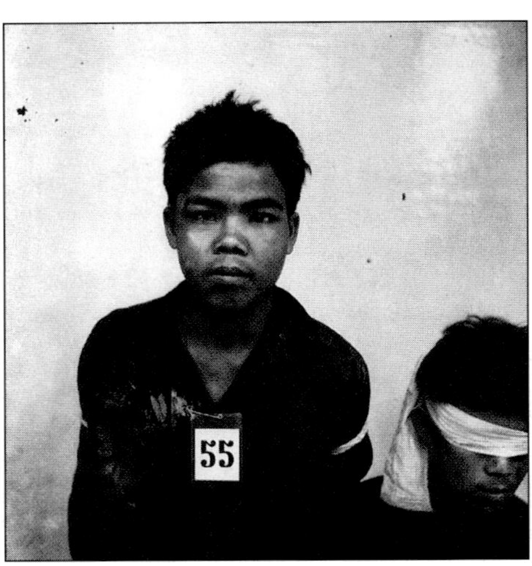

Aujourd'hui, ces photos d'identité (ancien centre de torture de Tuol Sleng)

et les ossements des grands charniers (Choeung euk) sont tout ce qui reste des victimes.

Les réfugiés, « épaves de la Révolution », demeurèrent souvent de longues années dans des camps (en haut) le long de la frontière thaïlandaise, avant de pouvoir rentrer au Cambodge à partir de 1992 (en bas).

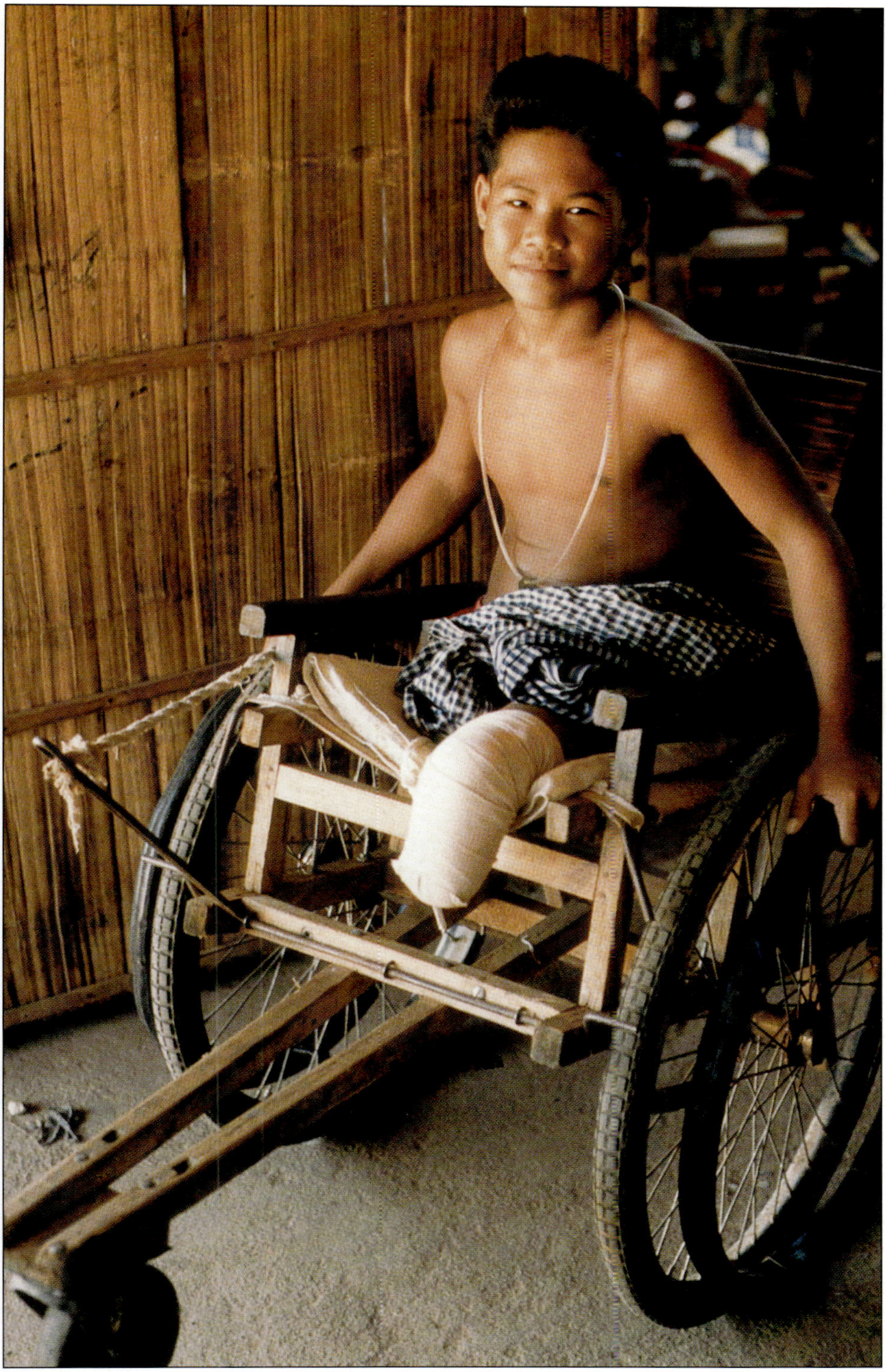

Des centaines de milliers de mines anti-personnel, dispersées dans les campagnes du Cambodge, continuent de mutiler et de tuer chaque année.
Les enfants en sont les premières victimes.

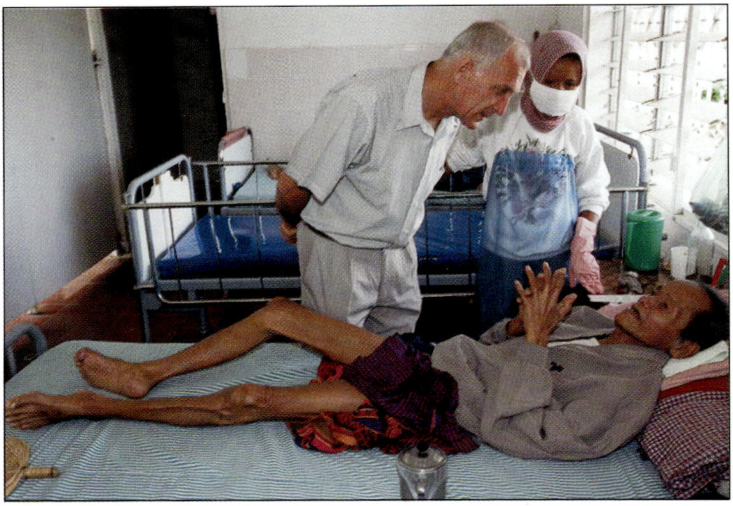

Visiter les malades,

faire honneur
à l'hospitalité
naturelle des
Khmers,

aller à leur
rencontre jusque
dans les villages
les plus reculés
de province…

… et partager la vie quotidienne des paysans de la rizière.

Dans la petite minorité chrétienne des comités d'entraide se forment, pour apporter la communion à domicile dans un quartier pauvre...

offrir un fauteuil roulant à une handicapée...

ou permettre à des jeunes filles d'apprendre la couture.

À côté de l'émergence d'une classe de nouveaux riches, la misère est omniprésente. Des enfants tirent leur subsistance des décharges publiques, des familles sont dans le dénuement le plus complet.

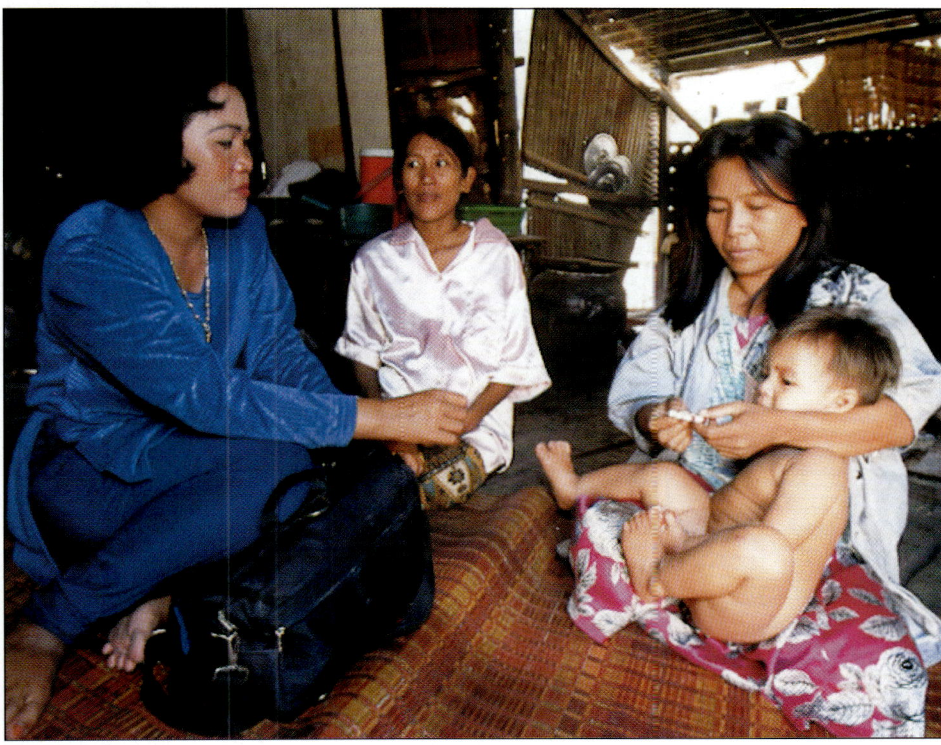

Shoka, la fidèle assistante de François, qui fut jadis enrôlée de force comme infirmière par les Khmers rouges, passe de maison en maison pour dispenser les soins les plus urgents.

Une grande partie de l'activité de François consiste à animer des groupes de jeunes et à former des catéchistes (en haut), afin de construire une Église authentiquement cambodgienne (en bas, crèche khmère).

François a consacré plus de dix ans de sa vie à traduire l'intégralité de la Bible en khmer. Le dialogue jamais interrompu avec les bonzes bouddhistes l'a aidé à transposer les notions bibliques dans la culture du pays.

Photo : Benoît fidelin.

La civilisation khmère rayonnait sur toute la péninsule indochinoise au temps de la construction des temples d'Angkor (X^e-XIIe s.) au cœur de la forêt.

Cette dernière, qui recouvrait alors les deux tiers du Cambodge, est aujourd'hui menacée de destruction totale.

Reportage photos : Philippe Lissac.

8

Avec les « épaves » de la Révolution

« Je suis comme du sel qui est passé sous la pluie : ma vie n'a plus de saveur. » Suon Phâl s'enfouit la tête entre les mains, fixe la table de cuisine recouverte d'une nappe improbable où il a posé ses coudes. Une ampoule nue jette sa lumière crue. C'est le début de l'après-midi, mais dehors il fait presque nuit. Les nuages gris filent au ras des tours de cette banlieue parisienne. De la fenêtre, on aperçoit quelques arbres esseulés, aux pauvres ramures dénudées, agitées par le souffle du vent de Toussaint.

Les ondées automnales viennent gifler les carreaux. En contrebas, elles inondent l'asphalte défoncé des parkings, martèlent les papiers gras et les détritus qui s'éparpillent encore, pénètrent même dans les pelouses délavées. L'humidité envahit la cité. Non pas fiévreuse, ardente et enchanteresse, comme celle qui se répand sur le Cambodge à la saison des pluies ; mais glaciale, maussade et chargée de miasmes à l'encontre des exilés perdus. Suon Phâl, avec son teint buriné qui rappelle les éclairs du soleil d'Asie, est de ceux-là. Il fait partie des « épaves de la Révolution », selon l'expression de François, venu lui rendre visite en ce triste jour de novembre. Le bonheur de la rencontre et du dialogue en khmer s'est éclipsé au fil de la conversation à laquelle participent aussi Chan Sokhom et Om Pan, deux amis qui désiraient depuis longtemps faire la connaissance de François.

« Vous, au moins, savez qui nous sommes, lui lance tout à coup Chan Sokhom, infirmier âgé d'une trentaine d'années. Des réfugiés ! Oui, des réfugiés ! C'est à dire des gens que l'on méprise parce qu'ils n'ont plus aucune terre. J'ai honte ! Pourquoi moi, Khmer, ne puis-je vivre au Cambodge ? Pourquoi mon pays est-il rayé de la carte du monde ?

– Moi, j'ai peur des questions futures et insistantes de mes enfants, poursuit Suon Phâl, ancien militaire peu gradé. “Pourquoi n'es-tu pas resté dans ton pays ? Pourquoi n'as-tu pas lutté pour le défendre ?” La honte m'envahit aussi, quand je pense aux réponses que je devrai apporter.

– Le jour, on sourit pour montrer que l'on est heureux. Mais la nuit, on pleure en cachette », confie Om Pan, entrant à son tour dans la conversation.

Lui était agent des Eaux et Forêts au Cambodge. Séparé de sa femme et de ses deux fillettes lors des ultimes combats de l'année 1975, il les a cherchées en vain dans la grande cohue de l'exode. Puis il est devenu membre d'une « équipe volante » constituée par les Khmers rouges, afin de continuer sa quête au gré des chantiers, allant de digue en canal à creuser, tel un être aux abois. Rien au bout du compte, si ce n'est le sentiment qu'une tornade fatale s'était abattue sur son pays d'origine, que la révolution sanglante avait englouti sa famille, tout comme elle avait aspiré, digéré la vie de tant de jeunes travailleurs, morts d'épuisement et de désespoir à ses côtés. Ne restait plus qu'une solution : partir pour éviter cette fin atroce. Conjurer la mort pour se retrouver, aujourd'hui, ouvrier spécialisé chez Chausson et sous l'emprise d'une éternelle fatigue. « Ce n'est pas le travail qui me ruine, explique-t-il, mais le manque de sommeil. Chaque nuit, je me réveille et je pense à mon pays, aux cocotiers que j'ai plantés, et surtout à ma femme, à mes deux filles, à mes parents. Ils m'ont nourri dans mon enfance et moi, maintenant, je ne puis leur montrer ma reconnaissance. »

Om Pan commençait à peine son histoire quand Soth, un ancien paysan de vingt-cinq ans, a poussé la porte de l'appartement. Resté debout, il a attendu que son compatriote termine pour agripper François.

« Dans la rizière, j'avais du cœur à l'ouvrage. Je m'échinais pour la famille. Ici, je ne sais pas pourquoi je travaille. Je n'ai même jamais vu le patron. »

Cette dernière réflexion, François l'a déjà entendue à des centaines de reprises et n'émanant pas seulement de paysans parachutés dans des usines de construction automobile. Un professeur d'université lui a confié, quelques semaines plus tôt : « La France est généreuse, elle m'a donné un poste. Mais je me sens inutile. Je sais que les Français n'ont pas besoin de moi. Au Cambodge, je formais les cadres du pays pour préparer son avenir ; ici on me fait la charité. »

Suon Phâl, employé sur la chaîne de montage, chez Citroën, ne connaît pas ces tourments. Pourtant, il partage quelque chose d'indéfinissable avec l'enseignant supérieur, et qu'il résume à François avec ses mots à lui : « C'est la tête qui ne va pas. Notre corps est ici mais notre esprit est toujours là-bas. »

« Un jour, poursuit-il, je fixais des boulons sur le châssis d'une voiture. Soudain, mon frère demeuré au Cambodge était là, face à moi, m'offrant son sourire éclatant. Je me suis arrêté de travailler jusqu'à ce que le contremaître arrive. Alors, j'ai dû me gifler pour m'assurer que c'était un rêve. Tôt ou tard, vous verrez, je finirai par avoir un accident à cause de cette nostalgie qui dure, se répand en moi comme une obsession et ne me laisse aucun répit. »

Paroles de réfugiés à Gonesse, en Seine-Saint-Denis. Un flot de souffrances et d'amertume. Et François qui écoute, durant des heures, ce que jamais auparavant Suon Phâl, Soth ou Chan Sokhom n'avaient pu dire à autrui : leur immense détresse et leurs tourments d'exilés.

« Un travail qui s'apparente par instants à la psychanalyse. » Voilà parfois ce que François a le sentiment de réaliser lors de ces visites accordées dans un premier temps à la diaspora khmère de France. A cette époque, il avale des milliers de kilomètres d'autoroutes, de nationales et de voies ferrées, cherche son orientation dans toutes les villes de l'Hexagone. Le grand repérage. La localisation des Cambodgiens échoués au bout d'une même tragédie, qui lui renvoie à l'esprit la phrase de Victor Hugo : « Il y a une chose plus terrible que la mort, c'est l'exil. »

En arrivant sur la place centrale ou à la gare, il consulte sa liste de noms et d'adresses, puis se rend à tous les domiciles en scrutant les plaques des rues. Dans l'entrebâillement des portes, les visages s'éclairent dès les premiers mots prononcés en khmer. « Si vous saviez, à part le médecin et les propagandistes chrétiens, jamais personne n'est venu nous rendre visite », lui confient tant de familles qui s'épanchent aussitôt.

Que ne racontent-elles pas ! Leur vie d'avant la « déchirure », leur déportation dans les rizières de la mort, les massacres et la faim, la disparition de tant d'êtres aimés, puis leur errance vers le salut d'une terre étrangère au-delà des frontières et des champs de mines, l'attente du visa d'émigration comme un ultime ticket d'espoir. Toujours la même histoire, finalement, qui dure des heures et des heures. Mais quand François repart, après le repas partagé assis sur un tapis aux motifs angkoriens posé sur le plancher de l'HLM, les réfugiés lui glissent sur le palier : « Après votre passage, nous sommes ressuscités ! »

Besoin fou d'évoquer le passé pour s'en délivrer. De dire, dans sa langue maternelle, à quelqu'un qui mesure enfin le drame du Cambodge dans ses invraisemblables dimensions et ne vous prendra pas pour un mythomane, la douleur où le cours de la vie vous a plongé. Bref, ressasser un à un tous les épisodes de la tragédie pour bientôt s'en émanciper. En somme, un chemin tortueux vers la liberté, où François guide les réfugiés en leur prêtant l'oreille comme on tient la main. D'autres écriront, lui remettront des piles de feuillets noircis de récits incroyables mais vrais, couchés sur le papier pour mieux s'en débarrasser. Une longue confession pour exorciser ses peines et trouver l'issue du cauchemar.

Mais que l'écoute se révèle éprouvante ! « *Cambodge année zéro*, c'est le millième de ce que j'entends », constate François qui, au bout d'un an de toutes ces allées et venues, se retrouve un jour épuisé, cherchant le sens de ses visites rendues notamment aux chrétiens khmers pour qu'ils tentent de vivre leur foi malgré l'exil. Jacques Dhion, son ami prêtre à Fontenay-sous-Bois, là où l'équipe ACO qui l'avait recalé suspecte toujours tout réfugié du Sud-Est asiatique d'être un anticommuniste, l'encourage à poursuivre cette action harassante.

« Que crois-tu que faisait saint Paul, toutes proportions gardées ? Eh bien, il visitait les gens, comme toi, de voyage en périple, en portant, c'est vrai, un peu plus le souci des chrétiens qui formaient alors des communautés de misère. Et pourtant, l'Eglise est aussi née de leur mise en relation et de leurs convictions entretenues au début comme une faible lueur. Alors vas-y, continue ! »

Sans cesse, et même après son retour au Cambodge où tant de communautés ne valent guère mieux que celles de Rome ou de Corinthe, François se rappellera cette vérité : le Royaume de Dieu est né de la volonté des êtres les plus indigents, fragiles et pitoyables à l'image de ces réfugiés, victimes emblématiques de la fin du vingtième siècle et secourus le long d'une route longue et difficile.

En fait, François connaît tout de leur cheminement. Il les suit, presque pas à pas, depuis leur arrivée dans les centres de transit d'Herblay, de Créteil ou d'Epinay. Là, il a parfois fait office de traducteur lors des contrôles médicaux ou des séances d'information générale sur la vie en France. Puis il est venu en aide aux familles placées pendant six mois dans des lieux d'hébergement provisoires, où leur situation administrative se régularise, où ils apprennent quelques rudiments de français et suivent des cours d'adaptation à leur nouvelle vie.

Ensuite, c'est la dispersion vers un parent, un cousin déjà inséré, un logement vide ou un travail heureusement déniché. Le grand saut dans la société française, à la suite duquel François récupère à nouveau tant de Khmers à l'âme brisée. C'est peu dire qu'ils ont manqué leur atterrissage ! « Nous sommes des sourds-muets », disent-ils pour tracer la barrière de la langue, parfois infranchissable en raison de difficultés intellectuelles et surtout des traces laissées par l'expérience du régime khmer rouge. « On ne peut plus rien retenir. On a perdu l'habitude de réfléchir. Et comment se projeter dans l'avenir quand on a perdu confiance en la vie ? »

Que de plaies à panser dans la perspective d'une véritable insertion ! D'ailleurs, de nombreux réfugiés s'imaginent déjà rentrer au pays, un jour prochain, « quand il sera en paix ». « Avec cette belle voiture que je viens d'acheter, je ferai taxi à Phnom Penh », assure ce jeune Khmer. Un autre explique à François qu'il se refuse à acheter des meubles pour ne pas avoir à les transporter sur le chemin du retour. Que d'illusions, alors qu'ils n'ont plus aucune nouvelle du Cambodge, le courrier ayant été supprimé ! Mais elles sauvent du désespoir sur cette terre inconnue, où l'existence est comme un voile, la vie réelle étant celle du pays d'origine. « Je rêve sans arrêt, raconte un ancien paysan. Et je revois mon pays, mes parents, mes frères et sœurs en haillons. Toutes les nuits, je les vois. C'est comme une télévision qui se déroule sans cesse. »

La solitude est aussi au bout du voyage. « On rentre du travail et on dort, résume Phâl. Bien sûr, les gens qui nous entourent ne sont pas méchants. Mais on ne les connaît pas. Quelle différence avec notre pays où nous vivions les uns chez les autres ! Ici, la maison est une prison car chacun s'y enferme. » Soudain, la fierté des Khmers se mue en crainte des étrangers. Témoin cet étudiant en pharmacie parlant couramment le français, mais qui refuse l'invitation d'un voisin. « Je n'ose pas, dit-il. J'ai honte parce que je suis pauvre. »

« Mais que faites-vous donc le dimanche, demande François à trois autres OS employés chez Citroën ?

– On plonge d'abord dans le sommeil pour récupérer. Puis, nous nous cotisons afin d'acheter de l'alcool et boire pour oublier. Enfin, nous jouons aux cartes avec d'autres compatriotes. »

Cette fois, l'argent leur file entre les doigts, tandis que resurgit le fléau du jeu qui minait la société khmère.

Toute la vie familiale est bouleversée. Jadis, les personnes âgées et les parents étaient vénérés pour leur sagesse et rien ne se décidait sans leur avis. En France, l'autorité passe du côté du jeune qui sait parler la langue du pays d'accueil. Les adultes sont dépossédés de leur rôle parental et perdent le contact avec leurs enfants qui, eux, ne savent plus parler le khmer. Enfin, les jeunes femmes découvrent une liberté inconnue au Cambodge et n'acceptent plus la dépendance et encore moins de mettre au monde une pléiade d'enfants.

Et dans ce grand chambardement de l'exil, plus les réfugiés sont khmers de faciès, de culture et de langue, plus leur intégration pose problème. Rien à voir avec les Cambodgiens d'origine chinoise, instruits, jouissant d'une meilleure position sociale au départ et donc d'un capital supplémentaire, familiarisés surtout à l'idée de vivre à l'étranger, comme le prouve la répartition de l'immense diaspora chinoise, dont les capacités d'adaptation forcent l'admiration.

Deux parcours humains, auxquels François assiste et participe, résument cette distinction radicale.

D'abord Vong, l'ami sino-khmer, ancien propriétaire d'une petite usine de cycles à Phnom Penh, arrivé en France avec 50 dollars en poche. A peine conduit dans un centre d'hébergement, il négocie son départ immédiat contre une somme représentant le prix qu'aurait coûté son séjour obligé. Aussitôt, il devient homme de ménage dans le cabinet d'un médecin, puis manutentionnaire en usine, logeant dans une chambre de bonne avec ses deux enfants et son épouse qui apprend la couture. Très vite, elle achète une machine à coudre, puis une deuxième, avant que Vong ne la rejoigne, avec ses économies et le capital obtenu du foyer d'hébergement, dans l'affaire de confection alors balbutiante, mais qui comptera 47 salariés deux années plus tard. Qu'importe pour Vong les salaires de misère et la couverture sociale minimum de ses employés, asiatiques eux aussi ! « Ce sera pour plus tard, dit-il, quand nous aurons vraiment réussi. »

Quel contraste avec l'existence chaotique de Nory ! Lui, l'homme de la rizière de la région de Kompong Thom au centre du Cambodge, quitte son tapis de pousses vertes qu'il repique depuis des années, dès qu'il entend l'appel de Sihanouk à la révolte, en mars 1970. Dans les maquis du fond de la jungle, les premiers cadres khmers rouges déjà à l'affût des « traîtres » découvrent son lien de parenté lointain avec un officier de l'armée républicaine. Aussitôt l'arrestation, l'envoi vers la mort au sein d'un groupe de suspects à éliminer. Seulement, au bord de la fosse commune,

Nory glisse au fond, sans même le faire exprès, juste avant qu'une balle ne l'atteigne. Couvert de sang, écrasé sous le poids des victimes, il écarte les cadavres pour sortir de la fange et s'enfuir après la fusillade. La chance inouïe. Qui ne fait même pas basculer son destin. Quelques jours plus tard, il court vers une patrouille de l'armée républicaine qui le jette en prison. Le voilà « debriefé », en fait salement interrogé durant dix-huit jours par des conseillers militaires américains déçus, au bout du compte, de sa pauvre innocence.

On l'affecte à la garnison de Neak Luong, le village en aval de Phnom Penh où le bac relie les rives du Mékong, bientôt rasé sous une pluie de bombes larguées par erreur des soutes des B 52. Nory fuit, éperdu et terrorisé, les décombres encore fumants, traverse à pied tout le pays pendant des mois, par les chemins de traverse en direction du nord-ouest, s'arrêtant dans les villages perdus d'une poignée de paillotes blotties sous les palmiers. Il longe le Tonlé Sap, approche des temples d'Angkor dans les environs de Siem Reap... et retombe sur les Khmers rouges et leur Angkar « aux yeux d'ananas ». Les traits presque sauvages que la longue marche a imprimés sur son visage buriné le sauvent. Les révolutionnaires le prennent pour un homme de la forêt, un vrai Khmer à leurs yeux, un « Khmer originel », comme dirait Pol Pot. Ils l'affectent alors à la garde de la frontière thaïe dès leur victoire du 17 avril. Le poste rêvé pour fuir, à condition de tromper la vigilance des autres soldats, postés tous les cent cinquante mètres. L'opportunité se présente un jour de faction dans une zone vallonnée où Nory n'est visible que d'un militaire voisin, soudain distrait, assailli par un margouillat qui lui dévore le creux de l'oreille. Il plaque son fusil d'assaut dans les ronces, fonce droit comme une bête traquée en direction de la Thaïlande. Fichue « libération » ! Là-bas, c'est la taule sordide réservée aux déserteurs khmers rouges, puis la défiance tenace des autres Cambodgiens du camp qui le prennent pour un kapo semblable à ceux qui les surveillaient jadis à longueur de journée. Haine. Rejet. Brimades en série jusqu'à l'obtention du visa, qui le mène à la condition de réfugié, égaré en France sans le moindre argent, seul face à son passé ahurissant de pauvre paysan de Kompong Thom ballotté comme une coque de noix sur un océan de tragédies.

« Nory est broyé », se dit François qui l'épaule. Bien sûr, il a trouvé une place de serveur à la cafétéria de l'hôpital de Créteil. Mais il paraît toujours sur une autre planète. Au Cambodge, au moins, malgré toutes les affres de son existence, il était dans un univers religieux reconnaissable, proche de ses racines spirituelles qui tenaient sur un arbre aux défunts ou dans une maisonnette aux esprits logeant les fameux « Neak Ta ». En France, plus rien. Aucune référence. Il ne connaît même pas les génies fonciers de ce pays d'accueil qui vont lui faire du mal, c'est certain, car il ne sait comment les honorer.

Etreintes de l'angoisse qui se lit dans le regard des Khmers. Ils ont quitté leur monde animiste mais merveilleux, et trompent leur ennui en regardant les séries télévisées américaines ou en se réfugiant sous les néons bariolés des grandes surfaces, qui les détournent un instant de leurs songes mais finissent par détruire leur identité et embuer leur vision de l'avenir.

Et pourtant, cette déchéance n'est pas inéluctable ! Car il suffit souvent d'une relation personnelle suivie d'une aide pour endiguer le cours d'une fuite en avant. Ressource incroyable de l'homme, qui puise dans le regard et l'attention d'autrui la force de s'agripper à son existence en déroute et de lui redonner un sens. François croit tant à cette dynamique de l'espoir qu'il mise à fond sur tous ces organismes caritatifs, ces associations et ces bénévoles qui s'investissent sans compter dans l'accueil des réfugiés du Sud-Est asiatique. Collecte de linge et de meubles pour dépanner les arrivants, recherche à leur intention d'un travail et d'un logement, parrainage de familles entières pour les guider dans leurs premiers pas... « Rarement un tel effort a été accompli pour des immigrés », écrit-il. Mais ce potentiel de générosité, encore faut-il le canaliser, du moins le nourrir d'enseignements et de conseils précis, afin que l'acte de solidarité ne s'apparente pas à un coup d'épée dans l'eau ou aille même à l'encontre de l'entraide souhaitée.

La générosité ne suffit pas. Le soutien efficace nécessite l'acquis d'un minimum de savoir sur la personne à secourir, ses racines, son histoire et sa culture d'origine. Voilà pourquoi François finira par créer « Espace-Cambodge », dans le but d'aider les réfugiés les plus démunis et d'encadrer leur accueil. Ame de l'association et unique salariée pendant longtemps, Monique Facchini, petite femme bouillante d'énergie au sourire désarmant, jouissant d'un potentiel de générosité comme d'un sixième sens, aussi douée pour l'animation des groupes que pour les relations discrètes et confiantes avec les familles khmères.

Leur port d'attache, siège de l'association, tient

dans un deux-pièces-cuisine transformé en lieu d'accueil, au rez-de-chaussée d'un immeuble rue d'Aubervilliers, dans le dix-neuvième arrondissement, près d'un bistrot de quartier, face aux entrepôts et aux garages des camions de livraisons de Paris. François travaille dans un bureau minuscule, qui donne sur la rue où vrombissent les véhicules en provenance du périphérique nord. Il continue d'écrire des articles en série et des dossiers pour « Echange France-Asie », parfois consacrés aux problèmes des réfugiés d'Indochine. Avec Monique, les exposés, les conférences et les visites plus informelles se multiplient dans les préfectures, les services sociaux, les cercles d'enseignants, les paroisses, les associations ou simplement les domiciles privés, bref, auprès de tous ceux qui s'avèrent confrontés à l'arrivée des Cambodgiens déracinés.

Quelle densité dans ces causeries parfois improvisées ! François choisit d'être concis mais d'en dire le plus possible afin que les erreurs fatales commises involontairement, au départ, par les organismes ou les familles généreuses ne se reproduisent plus. Non, tout Asiatique n'est pas forcément un « Chinois », car les groupes humains sont là-bas si divers qu'ils forment une véritable mosaïque sur le plan ethnique.

Les hauts fonctionnaires, les professeurs, les assistantes sociales et les parents adoptifs découvrent le Cambodge, son histoire au dénouement contemporain si tragique, l'univers culturel et religieux de ses habitants, leur langue, leur mentalité à cent lieues de la nôtre, avec cette incroyable obsession de la face. Chaque fois le même exposé tonitruant, presque emporté. Et tant de détails abordés, ensuite, avec ces bénévoles ou ces familles d'accueil souvent désarçonnés par l'attitude étrange de leurs hôtes étrangers !

Oui, les Khmers ont peur de l'obscurité et c'est pour cela qu'ils laissent les lampes allumées toute la nuit. Alors autant prévoir des ampoules à faible consommation et ne pas s'étonner de trouver, au réveil, les enfants les uns contre les autres : dans leur pays ils dormaient côte à côte et n'ont par ailleurs jamais appris à faire un lit. C'est vrai qu'ils utilisent des mètres cubes d'eau en arrivant. Mais chez eux, se doucher souvent, plonger sans arrêt dans leur fleuve ou l'arroyo s'apparente à des habitudes imposées par le climat. Non, ils ne s'embrassent jamais, ni entre parents et enfants, ni entre époux qui se retrouvent. Ils sont donc surpris de voir les Français « se mordre mutuellement ». Car pour eux, ce qui correspond à un baiser est « respirer l'odeur de l'autre ».

Les questions fusent. Sans recul. Parfois candides et anecdotiques, mais si proches de la vie quotidienne qui les inspire. Décidément, l'aide au peuple khmer en exil n'implique pas que l'analyse intellectuelle et la rédaction d'articles pour *Le Monde*... Elle engage par ailleurs François sur le terrain religieux, tant l'exil finit par brouiller les esprits.

Jadis, dans chaque village du Cambodge, la pagode construite puis entretenue par les paysans s'apparentait à un centre social et culturel. Le nouvel an, la fête des morts, les changements de lune, l'anniversaire de l'annonce de la mort de Bouddha et de son entrée dans le Nirvana, les kermesses et les deuils étaient l'occasion de fêtes et de cérémonies religieuses qui scandaient le déroulement de l'année. En France, rien ou presque. « Il n'y a plus de bonzes et nous sommes incapables de gagner des mérites », regrette un Khmer de la région lyonnaise auprès de François, dont l'une des premières préoccupations est donc de retrouver des moines bouddhistes, puis de rétablir le contact entre eux et les groupes de réfugiés éparpillés.

A Bordeaux, l'évêché tente d'apporter son concours. « Faut-il soutenir financièrement les moines qui envisagent de bâtir une pagode ? » interroge le prêtre qui suit l'opération. « Surtout pas ! lui répond François. Cette aide a un vrai sens religieux pour les Khmers, laissez-les assumer ce rôle. Guidez plutôt les bonzes sur le plan administratif, pour l'obtention notamment du permis de construire. Mais ne privez pas leurs fidèles d'actes positifs. Pour eux, ce monastère sera une rizière de mérites, ensemencée au profit de leur karma. »

Toujours tout expliquer. Sans cesse. Au risque d'incompréhensions, comme à Mulhouse où François présente une catéchumène cambodgienne, peu familiarisée à la pratique de la langue française.

« Pourquoi l'accompagnez-vous, elle n'a qu'à venir elle-même ? lui demandent, visiblement excédés, les prêtres de la paroisse.

– Mais tout se passe ainsi au Cambodge, où il est nécessaire d'être introduit par un tiers, principalement lors de la préparation d'actes de cette importance.

– Admettons... Vous continuez cependant de leur parler en khmer. Pas de quoi, avouez-le, favoriser leur insertion dans la société et dans l'Eglise...

– Que voulez-vous ! si on les force à devenir français, puis chrétiens selon un rite inconnu et imposé, ils ne s'intégreront jamais, ni comme l'un ni comme l'autre.

En revanche, la reconnaissance de leur culture, via quelques entorses rituelles et linguistiques sans conséquences, ne favorise que leur ouverture et leur volonté d'apprendre la langue. Croyez-moi, vouloir faire Eglise en supprimant les différences et les expressions religieuses particulières ne permet guère l'intériorisation en profondeur de la foi. »

Apres discussions. Puis acceptation, souvent, de cette condition formelle au dialogue interreligieux. Mais aussi conflits, suspicions d'ordre idéologique qui braquent François contre sa propre Eglise : si elle a accueilli avec générosité les réfugiés, le travail exemplaire du Secours catholique en témoigne, elle lui apparaît dans le même temps sclérosée, soumise au caractère foncièrement uniformisant du catholicisme, au détriment des tolérances et des subtilités de l'ouverture aux autres.

Là encore, « Espace-Cambodge » sera d'une belle utilité, assurant un rôle pionnier et resserrant les liens entre nombre de chrétiens khmers, les réunissant lors de sessions et même de voyages, où leur foi grandira au rythme de leur implantation favorisée de manière très progressive dans l'Eglise. Une pastorale en plus de l'action sociale, qui sera reprise, plus tard, par une mission cambodgienne dépendante de l'épiscopat français.

Entre-temps, la diaspora se sera étoffée, et de façon dramatique au départ, en raison de l'évolution fulgurante de la situation politique et militaire du Cambodge, au tout début de l'année 1979. Cette fois, la question des réfugiés prendra une ampleur considérable. Et tous afflueront désormais d'un pays occupé...

25 décembre 1978. Drôle de Noël pour 170 000

petits soldats habillés d'un uniforme vert bouteille et coiffé d'un casque plat où scintille une étoile dorée sur fond rouge. Fantassins de l'armée vietnamienne, ils partent à l'assaut du pays voisin situé à l'ouest, dans le sillage des divisions blindées, sous la couverture des escadrilles de Mig et précédés de barrages d'artillerie. Les « Bo-doïs » déferlent sur le Cambodge à partir de leurs bases des hauts plateaux du Centre et de la région de Saigon. Une attaque en tenaille dans la direction de Phnom Penh, qui bouscule les unités khmères rouges en infériorité numérique et souvent dépourvues d'armement lourd. En moins de deux semaines, l'offensive atteint son but : la prise de Phnom Penh et la déroute des dignitaires khmers rouges. Ces derniers, Pol Pot en tête, fuient avec leur armée en désordre vers les montagnes du Nord-Est, emmenant avec eux des dizaines de milliers de civils et massacrant les populations qui refusent de les suivre.

Trois ans, neuf mois et vingt jours après le « glorieux 17 avril », le Kampuchéa démocratique s'effondre tandis que l'Occident assiste, stupéfait, à la première guerre entre pays communistes. Mais dès 1977, quelques observateurs attentifs de la région, dont François, prévoyaient cette issue conflictuelle aux relations khméro-vietnamiennes. Après des tentatives de conciliation vouées à l'échec et de vaines négociations sur le tracé de la frontière, les escarmouches se succèdent. Les Khmers rouges caressent le rêve insensé de tous les régimes qui les ont précédés : récupérer le sud de la péninsule indochinoise, le « Kampuchéa Krom », berceau du peuple khmer annexé par le Viêt-nam. Fous d'orgueil depuis leur « victoire historique contre le géant américain », ils entreprennent de défier la troisième armée du monde, multiplient les raids meurtriers dans les provinces frontalières vietnamiennes, provoquent leur puissant voisin qui, de son côté, n'a jamais abandonné son projet séculaire, rappelé par Hô Chi Minh dans les années trente, d'étendre son hégémonie sur le Cambodge et le Laos, et d'assurer le leadership d'une Fédération indochinoise communiste.

Indirectement, la Chine et l'URSS, alors opposées, participent au conflit. La première arme les Khmers rouges pour contrebalancer l'influence soviétique dans la région. La seconde soutient aussi en matériels de guerre son allié vietnamien, entré dans le Comecom, « le marché commun des pays frères » et signataire d'un « traité de paix et de coopération » avec Moscou.

Les dés sont jetés. Tout participe à l'explosion que François prédit un an avant la fin du régime khmer rouge. On le prend encore pour un prophète de malheur ! Même si, à cette époque, l'armée vietnamienne pénètre déjà en territoire khmer, livre une guerre non déclarée et se retire le 6 janvier 1978, ramenant avec elle 300 000 Cambodgiens, « razziés » selon Phnom Penh, « libérés » selon Hanoi. Parmi eux, de nombreux Khmers rouges historiques, persécutés désormais par Pol Pot.

Car les loups se sont mangés entre eux ! François l'a appris par la radio, les réfugiés, des observateurs sur place : la ligne dure ultra-nationaliste de l'Angkar dirigée par Pol Pot, Yeng Sary, Nuon Chèa et le terrible Ta Mok, un ancien instituteur de Takéo devenu chef militaire de la région sud-ouest, a entrepris de purifier le régime des cadres pro-vietnamiens ou supposés tels. Nouvelle hécatombe, cette fois intérieure au pouvoir. Elimination physique, à grande échelle, des anciens camarades jugés trop tièdes et suppliciés, pour beaucoup, dans la sinistre prison de Tuol Sleng. Cet ancien lycée de Phnom Penh est transformé en vaste centre d'interrogatoire, compartimenté en cellules où les détenus sont enchaînés sur des lits de fer. Là, on leur extorque les aveux les plus fous, en déchirant leur chair à l'aide de tenailles brûlantes, en brisant leurs membres à coups de barre de fer, en les torturant à l'électricité.

La folie meurtrière des Khmers rouges atteint son paroxysme. Elle va précipiter la fuite vers le Viêt-nam de cadres menacés, notamment issus de la région est, et bientôt enrôlés par les communistes de Hanoi qui désirent, après leur invasion programmée, installer au Cambodge un pouvoir à leur solde. Ainsi Heng Samrin, jadis à la tête de la 4e brigade et surtout Hun Sen, ancien commandant de régiment dont on n'a pas fini de reparler, vont devenir respectivement Président et Premier ministre de la nouvelle République populaire du Kampuchéa. Le 7 janvier 1979, ils s'installent à Phnom Penh, arrivés tous deux dans les bagages de l'armée vietnamienne, accueillie dans un premier temps en libératrice par les survivants de la « Déchirure », autorisés à regagner leur village natal et lancés dans une nouvelle migration à travers le pays ruiné, à la recherche des membres survivants de leur famille.

Mais très vite, cependant, les illusions tombent et l'antagonisme ancestral reprend le dessus. Les « libérateurs » dépouillent le Cambodge de ses ultimes richesses. Les convois qui acheminent les troupes fraîches repartent en sens inverse chargés de matériels stockés par les Khmers rouges : or, meubles, machines en tout genre. Même les bœufs, les volailles et le riz prennent la direction du Viêt-nam !

L'occupant se sert avec avidité pour compenser les effets catastrophiques de la gestion de son propre pays et pour tenter de soulager la disette qui frappe sa population, laquelle n'a pas fini de souffrir, en raison de l'embargo décidé par la Communauté internationale à l'encontre du Viêt-nam. L'entrée des « Bodoïs » au Cambodge suscite la réprobation générale. « Cueilli » de justesse dans sa résidence surveillée de Phnom Penh avant la chute de la ville, le prince Sihanouk file à l'ONU se faire l'avocat du Kampuchéa démocratique et dénoncer l'invasion vietnamienne. Les Nations unies acquiescent. Sous la pression de la Chine et des Etats-Unis, et selon le principe qu'aucune armée ne peut installer un gouvernement dans un pays voisin, l'Organisation refuse de reconnaître le nouveau pouvoir en place à Phnom Penh. Les Khmers rouges demeurent le seul représentant du peuple khmer. Il en sera ainsi pendant plus d'une décennie ! Chaque année, l'ONU votera à une écrasante majorité une résolution exigeant du Viêt-nam le retrait de ses troupes du Cambodge. A croire que les bourreaux d'hier sont un moindre mal et qu'aucune alternative n'existe face au fait accompli vietnamien.

Et pourtant, les Khmers rouges essuient soudain une bordée de critiques dans un pays comme la France ! Notamment de la part de leurs anciens zélateurs et de tous ceux qui refusaient, il y a encore quelques mois, de les condamner suite aux récits « peu crédibles » des réfugiés et des arguments « fallacieux » d'un prêtre des Missions étrangères nommé François Ponchaud. Tout à coup, l'acte d'accusation leur paraît monstrueux, irréfutable, car il sort de la bouche des communistes vietnamiens qui dénoncent à tue-tête les crimes des hommes de Pol Pot pour mieux justifier leur invasion.

L'opinion, surtout du côté des mouvements tiers-mondistes et du PC Français, se retourne comme une crêpe. Elaborée à l'origine en Union soviétique, une gigantesque machine de propagande tourne à plein rendement et en rajoute sur l'horreur du Kampuchéa démocratique enfin brisée net, puis révélée au monde grâce à l'intervention salutaire des « Bo-doïs ». Du coup, voici l'auteur de *Cambodge année zéro* accusé de tiédeur, pour ne pas dire de complicité avec les Khmers rouges, dans la mesure où lui aussi refuse le fait accompli vietnamien, son cortège de pillages et d'éternelles brimades pour le peuple khmer.

« Et la Vérité dans tout cela ? » soupire François, révolté. Oui, cette valeur suprême, cette injonction de la conscience, ce repère évangélique capable de guider une vie, même s'il conduit parfois sur un chemin de crête ! Rien n'apparaît plus éphémère ou illusoire, tant ce principe est mis à mal, bafoué par ces volte-face idéologiques effectuées sur le dos d'un peuple en danger de mort.

Au fond, c'est encore à lui que François va donner la parole dans ses écrits, pourfendant tour à tour l'hégémonisme vietnamien appris à l'école soviétique, puis le cynisme des puissances occidentales et singulièrement des Etats-Unis, qui se servent à présent des Khmers rouges dans leur grand jeu diplomatique. Et c'est avec lui, surtout, qu'il va continuer de vivre, partageant la majeure partie de son temps entre la diaspora qui cherche ses marques en France et la multitude des réfugiés qui fuient après l'invasion vietnamienne et se retrouvent parqués pour de longues années dans des camps.

Un raz de marée ! La frontière thaïlandaise est littéralement submergée durant l'année 1979. Certes, la première vague formée d'environ 90 000 personnes, qui débarquent de janvier à juin, n'est pas la plus violente. Elle se compose d'abord de commerçants chinois rescapés et d'intellectuels ayant réussi à passer au travers des épurations successives. Mais, à partir de juillet 1979, c'est une déferlante, propulsée par la famine qui ravage le Cambodge.

Les troupes vietnamiennes ont envahi le pays au moment de la moisson. Certaines rizières, encore sur pied, viennent d'être écrasées par les chars, piétinées par les fantassins ou incendiées par les Khmers rouges en retraite. Le riz moissonné et stocké dans des greniers collectifs a été confisqué par les belligérants des deux bords. Préoccupés de rentrer dans leur village natal et de retrouver les membres de leur famille, peu de paysans ont labouré et ensemencé leurs champs au début de la saison des pluies. Enfin, l'agriculture traditionnelle a été bouleversée durant les années démentielles qui viennent de s'écouler. Bref, c'est la ruine, la misère noire, la course relancée aux fruits, aux racines et aux feuilles de la forêt ainsi qu'aux batraciens des mares.

Ces récoltes perdues rappellent déjà la période khmère rouge, dont le nouveau régime paraît finalement si proche : idéologie similaire à défaut d'être aussi radicale, anciens bourreaux dissidents ramenés dans les fourgons vietnamiens pour occuper le sommet de l'Etat, cadres de l'Angkar sauvés de la vindicte populaire, rééduqués, puis replacés à des postes à responsabilités. D'ailleurs, le Viêt-nam se sert diaboliquement de la faim comme d'une arme, retardant l'arrivée de l'aide internationale qu'il souhaite échanger contre une reconnaissance du régime installé à Phnom Penh.

La disette, les destructions et le cynisme des dirigeants poussent donc un million de Khmers de toutes origines géographiques et sociales vers la frontière. Ils y arrivent efflanqués par la faim, décimés par les mines et les maladies. Le monde entier assiste à cet échouage dramatique. Sans savoir, bien sûr, que les troupes khmères rouges défaites font partie du cortège et transitent par la Thaïlande pour gagner des refuges situés dans la zone montagneuse séparant les deux pays. Pol Pot et ses complices traînent avec eux un peuple de morts vivants, sous leur contrôle depuis 1970 ou raflés pendant leur retraite. Voyant tout l'intérêt matériel et politique qu'ils peuvent encore tirer de cette misère, ils envoient une partie des civils et des militaires les plus exténués, les plus squelettiques, dans le camp de Sakeo. Les télévisions du monde entier y affluent, pour voir la mort en direct et diffuser ensuite les images de l'agonie du peuple khmer « affamé par les Vietnamiens », oubliant au passage « les Khmers rouges qui les ont en fait réduits à cet état », note François, qui dénonce alors « les mirages de l'information ». Et de raconter comment « Roseline Carter, la première dame des Etats-Unis, y va de sa larme et beaucoup d'autres de leurs deniers », et comment ces secours, transitant par l'armée thaïlandaise qui se sert au passage, vont contribuer à remettre sur pied les Khmers rouges.

Loin de ce tintamarre médiatique, plusieurs centaines de milliers d'autres Cambodgiens se présentent en d'autres point de la frontière, à Non Chan, Ban Samet ou Kok Suong. Après avoir essuyé le feu des armées vietnamienne et thaïlandaise, des Khmers rouges et de hordes de bandits, ils s'engouffrent dans le camp de Kao I Dang, rempli de 150 000 réfugiés, tandis que les centaines de milliers d'autres s'installent dans le no man's land entre les deux pays.

Ainsi, se figent, dans une ribambelle de camps égrenés aux marches du Cambodge, ceux que la terminologie officielle nomme « les personnes déplacées ». Ces camps s'appelleront des « sites » quand ils seront placés sous le contrôle de la résistance anti-vietnamienne ou se diviseront, notamment à partir de Kao I Dang, en sous-camps de taille plus réduite, mais toujours à l'écart des populations locales, coupés du reste du monde. Cet isolement, ces barbelés, cet appareil de contrôle et de surveillance mis en place pour parquer les réfugiés bouleversent François à son arrivée sur les lieux. Selon lui, « ils traduisent dans les faits une attitude déjà largement répandue, qui tend à considérer le réfugié comme coupable et lui fait peu à peu adopter les comportements qui conviennent à cette condition ».

Alors les voyages redoublent. Entre la France et la Thaïlande, où François vit en alternance, passant de Paris à la région d'Aranyapratêt ; il y rejoint le père Robert Venet qui, après avoir déjà passé trente-deux ans au Cambodge, a demandé à repartir pour les camps. Là s'entassent les cabanes en feuilles de palmier, les grandes baraques en bois couvertes de tôle ou de fribrociment, qui emmagasinent la chaleur comme des fours et contiennent 50 à 100 personnes sur deux niveaux de bat-flanc. Rien à faire contre la promiscuité, malgré les cloisons de toile plastifiée qui séparent les familles. Tout se voit, tout se sait. Ce que l'on dit, ce que l'on mange, jusqu'aux lettres que l'on reçoit, rien n'échappe au domaine public.

Mais le pire est le désœuvrement, constate François, auquel est condamné le réfugié vingt-quatre heures sur vingt-quatre. Interdit d'exercer un travail lucratif qui pourrait concurrencer la population du « premier pays d'accueil » ou encore l'inciter à s'établir à jamais. Même la construction de baraquements pour les nouveaux arrivants est confiée à des compagnies thaïlandaises. Les médecins diplômés ne peuvent soigner leurs compatriotes et doivent laisser la place à leurs confrères venus d'Occident. Peu à peu, cette inactivité ruine le ressort intérieur des hommes.

Désolante immobilité. Rien ne se passe. Alors l'esprit vagabonde vers le passé. Le plus lointain alimente une nostalgie qui prend l'allure d'une valeur refuge. Le plus récent n'est que douleurs. François écoute, comme en France, les souvenirs atroces ressassés sans fin, mille fois racontés pour les exorciser ou peut-être, se dit-il, pour que ne soient jamais oubliés ces massacres, ces morts, ces disparus. Ainsi cette femme qu'il rencontre, seule avec ses deux enfants et son livret de famille chrétienne, délivré le jour de son mariage. Elle le tient toujours à la main, l'emporte partout, ne s'en sépare jamais. Sur ce fascicule tâché, jauni et poussiéreux, figurent les noms de ses douzes enfants et de son époux. Dix enfants sont morts et, à la suite de chacun de leur nom, est calligraphié un très court poème où l'auteur, le père, exprime sa douleur mais aussi sa foi après leur disparition. Puis, en bas de la liste, apparaît enfin le nom du père, suivi des circonstances de son exécution retracées cette fois par sa veuve qui, depuis, garde le petit livret comme un trésor inestimable.

Mais le présent est aussi source d'angoisses. Les pensionnaires des camps sont à l'affût des nouvelles en provenance du pays, de ceux qui sont restés là-bas. Ils tentent sans cesse, à distance, de retrouver les traces de leurs parents, de leurs enfants disparus ou qui n'ont jamais pu les suivre. L'inquiétude les mine. Les bruits les plus fous trouvent créance dans leur esprit désemparé.

« Quelquefois, raconte François, arrivent d'Occident des lettres de ceux qui les ont devancés dans un pays d'accueil définitif. Le réfugié, encore dans le camp, ne peut que rêver devant des photos en couleurs où toute une famille, connue de lui, pose devant un poste de télévision ou autour d'une voiture d'apparence luxueuse. Peu à peu se dessine l'image d'un autre monde, temple de la liberté et de la consommation, qui nourrit un projet migratoire précis : lui aussi, le rescapé de l'enfer de Pol Pot et du régime pro-vietnamien totalitaire, actuellement dans le purgatoire des camps, rejoindra ces terres paradisiaques ! »

Dès lors, une seule idée le hante : se procurer un laissez-passer qui lui permettra de s'extirper de sa condition présente et de s'envoler vers la terre du salut. Toutes les conversations, tous les rêves tournent autour de cette évasion. « Nuit et jour, lui affirme un jeune Khmer, on ne pense qu'aux moyens de se faire accepter à l'étranger. On s'inscrit même pour plusieurs pays à la fois afin de multiplier nos chances de départ. »

Tous les moyens sont bons. L'avantage est aux riches, aux débrouillards, tandis que les plus démunis restent en rade. Ceux qui ne possèdent pas de parents dans les pays d'accueil s'inventent des « garants » ou des « sponsors ». Des parentés de sang et d'alliance sont créées de toutes pièces. « Il faut mentir si nous voulons partir », confient les réfugiés. Mais quel cas de conscience pour les fonctionnaires des ambassades qui tentent de vérifier toutes ces déclarations ! « S'ils sont humains, remarque François, ils savent pertinemment que la souffrance se moque des formalités. »

« Vous avez menti, reproche tout haut un enquêteur à une veuve du camp de Chon Buri, en Thaïlande. Vous avez déclaré cinq enfants et vous n'en avez que deux.

– C'est vrai, répond-elle. Mais j'ai recueilli les trois autres lors de l'exode. Ils étaient abandonnés dans la forêt et s'empiffraient de racines pour ne pas mourir de faim. »

Qu'importe cette vérité poignante, le dossier est à refaire, le départ renvoyé aux calendes grecques. Incapable de supporter ce délai, rendue folle de honte par l'accusation de mensonge, la jeune femme se coupe la langue avec des ciseaux et meurt d'hémorragie le lendemain au dispensaire du camp. « Cette histoire est loin d'être unique », conclut François.

Et pourtant, dans cet univers impitoyable et clos, une vie sociale et des activités naissent pour conjurer l'ennui, l'oubli et la mort lente. Les rues bordées de cabanes s'encombrent de marchands ambulants, de coiffeurs et de réparateurs multiservices. Des artistes peignent ou dessinent des œuvres où leurs souffrances apparaissent dans les couleurs flambantes, les lignes tortueuses ou les visages émaciés. Les plus studieux apprennent l'anglais, le français ou les mathématiques. Des groupes de danse réinterprètent l'histoire récente en mimant l'épopée traditionnelle du Râmâyana. Les devins et les praticiens de la médecine traditionnelle multiplient les consultations.

Tout rappelle le pays d'origine, y compris les pagodes et les chapelles bâties avec les pauvres matériaux des cabanes environnantes. Une trentaine de bonzes et une cinquantaine de religieuses bouddhistes animent le camp de Kao I Dang et, les jours de fêtes religieuses, les cérémonies de leur monastère improvisé accueillent la quasi-totalité de la population, tandis que les services internationaux sont réduits au chômage. « Par tous les moyens, remarque encore François, les réfugiés recréent leur société traditionnelle dans l'enceinte des camps aux allures de village khmer, avec des rues au nom des provinces de l'ancien royaume : Angkor, Siem Reap, Battambang. »

La grande revanche de la vie s'exprime aussi par un véritable « baby-boum » qui inquiète les autorités du premier pays d'accueil. Treize mille bébés naissent chaque année dans les camps, plus de 46 000 enfants ont moins de cinq ans et plus de 60 000 sont d'âge scolaire. Nés sur place ou arrivés tout jeunes, les gamins peuplent les allées rectilignes, traînent leurs jouets fabriqués au bout d'une corde, distillent de petits morceaux de plastique à l'aide d'une boîte de conserve et d'un bout de bambou pour en faire du pétrole lampant. Certains volontaires leur enseignent le cambodgien pour qu'ils gardent leurs racines, des rudiments de français et d'anglais pour préparer l'avenir. Mais les cours très épisodiques sont mal adaptés en raison de la pénurie d'instituteurs décimés par les Khmers rouges.

En fait, la survie entière de ces populations est assurée par la Communauté internationale, via l'UNBRO (United Nations Border Relief Operation), organisme spécialement créé pour ces camps, du CICR (Comité international de la Croix-Rouge) et de nombreuses organisations humanitaires. « Et leur aide, remarque François, tout autant que celle apportée à Phnom Penh, ne va pas sans poser de nombreuses questions : en secourant les civils, on entretient également les guerriers de la résistance, notamment les Khmers rouges, et on prolonge le conflit ; en soutenant les autorités du Cambodge, on renforce un pouvoir étranger oppresseur. Mais ne pas aider, c'est précipiter des dizaines de milliers de victimes innocentes dans la misère et la maladie. » Les premiers débats surgissent à propos de l'humanitaire.

« Que faire ? répondent en effet ses professionnels. Ou l'on accepte cette situation imparfaite, ou l'on prive le peuple khmer de notre soutien parfois vital. » Réflexion pertinente. François reconnaît la position très difficile des ONG et leur présence rendue ambivalente contre leur gré. « Toutefois, votre aide distribuée parfois sans discernement risque de transformer un peuple digne en horde de mendiants », lance-t-il aux volontaires pétris de bons sentiments, mais ignorants du contexte social, politique, militaire de leur action. Beaucoup, cantonnés dans le cercle restreint des étrangers pratiquant l'anglais, ne mesurent même pas la déchéance de nombreux réfugiés. Leur distribution de subsides aux plus habiles à se faufiler dans la course aux secours aggrave même les disparités et engendre un trafic éhonté. « En distribuant de telles quantités d'aides, vous nous corrompez ! » hurle un jour à la face d'un donateur européen un responsable catholique khmer...

Lui, c'est vrai, privilégie un autre « fonctionnement », au travers du comité d'entraide mis en place par l'Eglise dans les camps. Ses membres visitent les réfugiés les plus démunis, sans tenir compte de leur appartenance religieuse et sans souci de prosélytisme. Puis, après une réflexion commune, ils décident du partage des ressources en provenance des chrétiens d'Occident. Pas de vols et priorité aux pauvres ! « Dans un univers clos où toute aide est diffusée avec abondance par des étrangers, ces comités contribuent à remettre les hommes debout », commente François qui a participé à leur création.

Le comité consacré à l'entraide n'est pas le seul. Un autre est composé de catéchistes orientés vers la transmission de la foi, un troisième est chargé des célébrations, de la préparation des baptêmes et des mariages. Avec eux, l'Eglise khmère renaît dans la perspective d'un retour au pays que François et d'autres prêtres présents dans les camps appellent de leurs vœux. Le droit élémentaire de toute personne n'est-il pas de vivre libre dans sa patrie ? Après tout, l'accueil en Occident n'est qu'un palliatif de la détresse des réfugiés. Et il aspire les forces vives capables, un jour prochain, de reconstruire leur pays sinistré.

Incroyable terreau de la foi ! Les campements cernés de barbelés se révèlent un lieu de conversion des hommes, de formation des fidèles et d'envoi en mission de récentes communautés. Elles jettent les bases d'une prochaine organisation pastorale et préfigurent ce que sera, demain, avec le concours des chrétiens rescapés dans leur contrée d'origine, la petite minorité si prophétique des croyants du Cambodge.

En attendant, un sacré tri est à opérer parmi les nouveaux convertis ! Certains ne visent que l'aide matérielle à recevoir de l'Eglise. Quelques-uns agissent par conformisme et ne voient dans cette foi qu'un chemin d'intégration dans leur future nation catholique d'accueil. Pour beaucoup d'autres, le bouddhisme est en échec : « Celui qui fait le bien obtiendra le bien, celui qui fait le mal obtiendra le mal ! Voilà ce qu'on nous enseignait. Mais l'inverse s'est produit ! On s'est efforcés de gagner des mérites et nous avons récolté la souffrance. Pol Pot, si mauvais, est heureux, en vie. Même les Thaïs, qui sont aussi bouddhistes, nous ont fait un mal fou ! Au fond, les chrétiens, eux, nous ont aidés. Remercions-les en embrassant leur religion. »

Démarche primaire et bien ambiguë, car elle engendre aussi la confusion entre bouddhisme et christianisme. En effet, la plupart de ces croyants appellent Dieu « Préah », qui signifie « homme illustre, guide, maître ». On honore le « Préah » sans savoir au fond qui Il est. Seule compte sa morale, ce qui n'est guère suffisant aux yeux de François qui, avec toute sa rigueur, tente de discerner les démarches d'un quatrième type, fruits d'une longue recherche personnelle d'hommes, « qui ont vu agir les chrétiens dans les camps et ont cru reconnaître Qui les faisait vivre ».

D'ailleurs, pour ne pas se laisser emporter par « la

fièvre des conversions », les prêtres catholiques distinguent clairement l'octroi des aides matérielles de l'accompagnement spirituel. « Certes, de nombreux réfugiés fréquentent encore l'Eglise avec l'espoir secret de bénéficier d'avantages, reconnaît François. Mais peu à peu, dans la discrétion, nous les aidons à se libérer de l'obligation de devenir chrétiens. »

Et puis, à l'inverse des tentatives de récupération des proies faciles que constituent les réfugiés, l'Eglise a un souci majeur : rétablir les hommes dans leur dignité.

« Vite, j'ai besoin d'argent, annonce un jour un jeune Khmer à François. Il me faut soudoyer le chef de quartier afin d'obtenir des papiers pour une femme qui vient d'arriver. Ainsi touchera-t-elle la nourriture distribuée par l'UNHCR.

– Pas besoin de le payer, d'entrer dans la spirale de la corruption. Si le chef de quartier maintient ses exigences, va voir le chef de section. Si lui aussi refuse ce à quoi cette femme a droit sans verser de pot-de-vin, dirige-toi vers le chef de camp. Et s'il refuse à son tour, adresse-toi directement au responsable de l'UNHCR. »

Le jeune homme repart estomaqué, puis s'enhardit, essuie tous les refus et récolte des menaces de mort avant d'obtenir des papiers directement auprès du patron de l'UNHCR. « Soudain, il a compris que la foi chrétienne l'engageait sans compromission au service de ses frères », raconte François. Et deux années plus tard, il était baptisé.

Rien à voir, donc, avec les fondamentalistes anglo-saxons présents dans les camps qui profitent de la détresse des Khmers pour recruter des adeptes, se livrent à un odieux chantage en promettant de faciliter leur départ vers les Etats-Unis contre un certificat de baptême.

Heureuse exigence contraire à cette attitude scandaleuse ! Elle va baliser l'avenir de l'Eglise des catacombes, insuffler cette part de liberté qui offre aux hommes le bonheur de croire en Dieu sans être jamais asservis, permettre même la naissance de vraies vocations chez des jeunes qui deviendront plus tard séminaristes dans leur pays. Qui l'eût cru ? Le grand retour se profile à l'horizon lointain, au-delà des camps. François en est sûr. Mais, comme les réfugiés de Thaïlande, il attendra longtemps pour retrouver le Cambodge enfin débarrassé de l'occupation vietnamienne, qu'il fustige sans relâche à chaque retour en France. Le combat continue !

9

« Le Dieu dérisoire d'un pays de morts vivants »

« Kom poup taè ông ! », « Ne renverse pas le thé du monsieur ! ». Phrase terrible. Tous les Cambodgiens la citent avec horreur. Elle évoque dans leur mémoire collective le souvenir des invasions vietnamiennes. L'époque lointaine où les conquérants utilisaient des têtes de Khmers enterrés vivants jusqu'au cou comme trépieds de braseros pour faire chauffer leur thé...

Bien sûr, ces horreurs précises ne se reproduisent pas lors du déferlement puis de la mainmise des Bodoïs, à partir de l'année 1979. Mais « quel malheur d'être né khmer ! ». Sous ce titre, François publie un article dans *Le Monde*, en réplique immédiate à l'offensive vietnamienne, certes libératrice, mais désespérante pour les Cambodgiens, secourus par les ennemis qui n'ont cessé de les dévorer au cours des siècles passés.

Quel mirage, en effet, que la vision d'une péninsule indochinoise ethniquement homogène et harmonieuse ! Celle du Tonkin, de l'Annam, de la Cochinchine, du petit pays du prince Sihanouk et du royaume du Million d'Eléphants, tous peuplés finalement d'Asiatiques identiques, selon l'image brouillée puis rapportée de manière très impressionniste par les livres d'histoire des temps coloniaux.

Aujourd'hui encore, tant de nos contemporains méconnaissent les différences radicales qui séparent le Viêt-nam et le Cambodge, pourtant si proches et presque imbriqués sur les cartes de géographie ! François mesure cette ignorance, ou du moins cette globalisation outrancière, qui masque à la fois l'enjeu et la vérité des faits lors de chaque empoignade ou relation perturbée entre les deux pays. Alors, passé sa réaction spontanée devant l'invasion des troupes de Hanoi – un dépit mêlé tout de même de soulagement devant la chute des Khmers rouges –, il prend le temps et trouve les mots, dans ses paroles et ses écrits, pour expliquer cette césure historique, qui augure le nouveau drame vécu par les Cambodgiens.

Qu'on se le dise une fois pour toutes, répète-t-il, ces derniers appartiennent au monde indianisé de l'Asie brune, tandis que les Vietnamiens sont issus de l'univers sinisé de l'Asie jaune ! Et depuis le seizième siècle, les rapports entre ces deux peuples ne sont qu'une suite de conflits sanglants qui ont exacerbé leur antagonisme.

Après avoir secoué, vers la fin du premier millénaire, un joug chinois vieux de dix siècles, les Vietnamiens entreprennent leur marche vers le sud, bousculant les peuples rencontrés sur leur passage. Bientôt, ils dépècent le royaume khmer de ses provinces orientales et australes. En 1623, ils s'emparent de la « Ville de la Forêt », qui sera rebaptisée Saigon, puis bien plus tard Hô Chi Minh-Ville. Tout au long du dix-huitième siècle, ils conquièrent la Cochinchine avant de réussir, en 1841, à imposer leur protectorat à leur voisin cambodgien. Seule la colonisation française, de 1863 à 1959, stoppe cette marche en avant. Mais elle avive, dans le même temps, l'hostilité des Khmers, qui voient les administrateurs civils venus de la métropole recruter dans leurs services une grande majorité de fonctionnaires d'origine vietnamienne.

Changement de stratégie lors de la lutte pour l'indépendance. La volonté hégémonique s'exprime autrement. Lorsqu'il fonde le parti communiste indochinois (PCI) en 1930, Hô Chi Minh assigne à son pays un objectif à long terme : être la figure de proue, le leader incontesté d'une future péninsule libérée. Ainsi, en 1950, quand le PCI se scinde en trois partis nationaux, les partis frères khmer et laotien ne sont que les doublures du « Lao Dong » vietnamien, dont ils adoptent les statuts et les directives. La preuve, en 1954, lors de la conférence de Genève : le Viêt-minh y négocie seul, abandonnant les révolutionnaires cambodgiens, parmi lesquels le jeune Pol Pot, qui refusent de lui faire allégeance et projettent, pour leur part, de s'émanciper. Pas facile, d'autant que les vietcongs envahissent leur pays en 1970, soi-disant pour rétablir le prince Sihanouk. En fait, ils profitent de l'aubaine pour organiser une armée de libération nationale encadrée par des Cambodgiens formés à Hanoi. Toujours le noyautage ! Mais le nationalisme ombrageux des Khmers rouges se révèle tenace. Dès 1972, ils se dégagent de la tutelle vietnamienne, luttent seuls contre Lon Nol, éliminent leurs compatriotes éduqués dans le pays voisin et se battent comme des forcenés engagés dans une course de vitesse : l'une de leurs obsessions est en effet de s'emparer de Phnom Penh avant que les Vietnamiens ne libèrent Saigon, de peur que l'armée de Giap n'en fasse la conquête à leur place...

Lutte implacable, négligée par trop d'observateurs, féroce opposition, souvent insoupçonnée en Occident. Mais, sans cet éclairage sur un conflit ancestral, auquel s'emploie François avec passion et pédagogie, nul ne peut comprendre les raids fous et meurtriers lancés dès 1977 par les troupes de Pol Pot sur les marches du Viêt-nam, ni l'occasion saisie en retour par les dirigeants de ce pays pour occuper le Cambodge en 1979, tenter de le satelliser à leur profit. Dans son mausolée, face aux belles pelouses de la capitale vietnamienne, Hô Chi Minh serait si heureux de voir son vieux rêve se réaliser...

Et d'ailleurs il s'accomplit ! « Le Cambodge est comme un camion, la couleur reste rouge, même si on a changé de chauffeur. » Cette image émane de Khmers désabusés face à l'occupation qui remplace la terreur des Khmers rouges. De toutes les sources de renseignements de François jaillit l'expression de ce désenchantement, suivi d'une sourde révolte face aux réalités de la présence vietnamienne. Alors, à nouveau, il instruit une grande enquête, étayée par la force des faits recueillis et consignés avec une rigueur identique à celle qui présidait, quelques années plus tôt, à la moisson d'informations sur les exactions des vainqueurs du 17 avril.

Les conférences vont suivre. Tout comme les publications dans la presse étrangère et française, les dossiers d'« Echange France-Asie », et surtout dans le bulletin de son association, *Espace-Cambodge-Infos,* véritable mine de données sur la région, rassemblées en un long travail de collecte qui s'ajoute à l'accueil des réfugiés et à l'action pastorale.

Deux tendances contradictoires se confirment sur le terrain aux yeux de François. D'un côté « l'irréversible vietnamisation » du pays ; de l'autre le bourbier militaire et diplomatique dans lequel s'enfoncent inexorablement les dirigeants de Hanoi, au risque de rapatrier un jour leurs troupes en cédant à la pression internationale.

Mais, d'abord, il révèle la présence de 12 000 experts vietnamiens sur place, dont la mission est de doubler tous les rouages de l'administration, de la police et de l'armée, bref, d'assurer la bonne marche du pays dans un sens qui soit définitivement acquis à Hanoi. Du ministre au chef de commune, tous les officiels khmers doivent en référer à leurs homologues étrangers qui détiennent la réalité du pouvoir dans l'ombre. La marge de liberté des ministres est d'ailleurs si réduite que leurs résidences privées sont surveillées par des escouades de « Bo-doïs »...

En plus de ces experts et des 170 000 soldats du corps expéditionnaire, l'immigration de colons vietnamiens se révèle massive et correspond à un mode traditionnel de conquête. Pas de transferts brutaux de populations, mais une osmose très progressive, régulière et planifiée, capable au bout du compte de modifier la composition démographique du Cambodge. Déjà, à Phnom Penh, plusieurs quartiers sont peuplés presque uniquement de Vietnamiens, qui envahissent aussi les provinces frontalières du Sud ainsi que les berges des fleuves et du Tonlé Sap, dans leurs sampans accolés les uns aux autres sur six ou sept rangées.

L'annexion est en marche. Nul n'y échappe. Chaque citoyen doit participer à une ou deux réunions politiques par semaine dans les quartiers, les ensembles de logements, les services de l'administration, les groupes professionnels, les syndicats, les associations de femmes, de bonzes ou d'intellectuels. Obligation à tous de célébrer « l'indéfectible amitié entre le Laos, le Viêt-nam et le Kampuchéa », et de jurer sa fidélité à la nouvelle patrie socialiste. Il faut mémoriser les slogans que la radio déverse à longueur de journée par haut-parleurs, être capable de les réciter et de les intégrer à son autocritique permanente, au travers de laquelle on doit confesser en public ses dérobades idéologiques... et surtout celles des autres.

« Comme au temps des Khmers rouges, remarque François, les discours officiels répètent à satiété que ce ne sont pas les intellectuels qui font la révolution, mais le peuple. » Gare aux êtres qui cumulent les handicaps d'être instruits, anciens citadins et d'avoir la peau claire. Les bons cadres sont toujours issus de la rizière. Qu'importe leur ignorance, ils possèdent des pouvoirs exorbitants, comme cet homme dépourvu du moindre diplôme sanitaire, mais qui jouit de ses prérogatives et exige de donner son accord à l'exécution de toutes les prescriptions médicales. A nouveau le nivellement par le bas !

Les plus instruits, c'est-à-dire les cadres techniques, les médecins, les instituteurs et les fonctionnaires de bon niveau partent en formation au Viêt-nam, dans un centre situé dans la banlieue d'Hô Chi Minh-Ville. Lavage de cerveau assuré sur place, avec apprentissage de chants révolutionnaires, visites d'usines modèles, rédaction de son autobiographie corrigée ensuite à la lumière du marxisme-léninisme, entretiens individuels avec un conseiller politique vietnamien, qui évalue l'évolution des consciences politiques.

Et quel parcours du combattant pour enfin adhérer au Parti ! Avant tout être membre d'un « Snaul », l'un des « noyaux » qui contrôlent chaque groupe humain ou association à travers le pays. Le « Snaul », c'est l'anti-chambre du Parti. Nul ne peut se récuser s'il est invité à y entrer. On y multiplie les réunions politiques et les séances d'autocritique. La vie personnelle de chacun doit être connue dans ses infimes détails par les autres membres de l'équipe. Impossible, par exemple, de se marier sans leur autorisation ! Ensuite, on pourra devenir « Pakkachun », membre du Parti, et encore à condition d'être « solidaire des classes non bourgeoises », d'avoir de bons rapports avec les Vietnamiens, de vouloir connaître le marxisme et d'être « net », c'est-à-dire originaire d'une famille dont aucun membre n'est parti en Occident.

La sélection est sans pitié, aussi rigoureuse qu'arbitraire. Avant de fuir son pays, Kosâl est passé sous ses fourches caudines. Quatre années de « Snaul » ! Puis la formation pour devenir « Pakkachun », qu'il raconte un jour à François : « Les professeurs, tous vietnamiens, nous enseignaient que le Cambodge était arrivé à l'ère cinquième du socialisme, là où s'arrête la révolution car il n'y a plus de classes, donc plus de domination par les riches. Ne reste plus qu'à éduquer le peuple, dans une société qui a évolué de la période antique à l'esclavagisme, puis du colonialisme au capitalisme, avant d'aboutir au socialisme, la dernière étape à franchir étant le communisme. Les sujets de nos cours ? Le matérialisme dialectique, le communisme scientifique. [...] Le thème invariable de nos débats ? Comment être fidèle au Parti, croire en sa politique, lui obéir sans conditions et le servir jusqu'à la mort. »

Endoctrinement identique, même s'il est adapté, dans toutes les écoles du pays. « Tout le système éducatif, écrit François, est façonné selon les exigences de la discipline politique. » Les écoles sont supervisées par un cadre issu d'un Comité populaire. Les livres de lecture sont truffés de slogans vantant, presque à chaque page, la solidarité Kampuchéa-Viêt-nam. Lors des exercices de calcul, tout ce qui évoque la propriété privée est remplacé par des exemples illustrant le collectivisme. D'ailleurs, le portrait d'Hô Chi Minh est là, sur le mur des salles de classe, encadré par ceux de Marx et de Lénine.

L'histoire khmère elle-même est revue, corrigée, passée à la moulinette et réécrite dans des manuels imprimés au Viêt-nam. L'annexion du Kampuchéa Krom est passée sous silence, à l'instar du rôle de Jayavarman VII, grand roi de l'époque angkorienne que les Vietnamiens accusent d'avoir fait bâtir des « temples inutiles ». Quant à la période contemporaine, l'enseignement officiel raconte l'histoire du mouvement prolétarien et vante la valeur de l'armée russe, seule force grâce à laquelle la Seconde Guerre mondiale a pu s'achever.

Plus qu'un ravalement, une tentative de refonte totale du Cambodge, afin que son avenir colle désormais au destin de son puissant voisin. Et l'économie n'est pas oubliée. « Tout entière, elle est orientée vers le Viêt-nam », affirme François en avançant des chiffres : 25 000 tonnes de paddy collectées en impôts pour nourrir l'armée d'occupation, tout comme

50 tonnes de poisson sur les 150 tirées de l'eau quotidiennement durant la saison de pêche. Quant à la terre, elle est en grande partie exploitée par quelque 102 000 « groupes de solidarité et de production », regroupant douze à quinze familles et appelés « Krom Samaki ». Quarante pour cent de la récolte des fermes familiales et la totalité de celle des rizières collectives sont réquisitionnés par l'Etat en échange de bons d'achat dans une coopérative. Et François de préciser le cours du kilo de paddy, vendu 1,5 riel à l'Etat et 4 riels au marché libre, de citer aussi la récolte de 1983-1984 : 1,66 million de tonnes de paddy, soit 935 000 tonnes de riz alors que les prévisions tablaient sur 2 millions de tonnes de paddy pour 1,87 million d'hectares ensemencés. Dire qu'avant 1970, 2,5 millions d'hectares étaient cultivés...

Rien ne lui échappe. Et surtout pas la construction, à l'ouest, de la « muraille du Cambodge ». Il s'agit bien d'un mur courant sur près de sept cents kilomètres le long de la frontière khméro-thaïlandaise, afin d'interdire le passage des réfugiés et des soldats ennemis. Encore un chantier titanesque ! Pour dresser une immense palissade de bambou couronnée de fils barbelés, au pied de laquelle sont enfouies des petites mines indétectables, de fabrication soviétique, qui brisent les membres et envoient des échardes de bois dans les chairs.

Tout le pays est réquisitionné. A chaque province est attribué un secteur d'aménagement précis. Celle de Prey Veng, au sud, est par exemple chargée de la région de Préah Vihéar, située plein nord. Les travailleurs désignés sont d'abord les réfractaires au socialisme ambiant, puis des citoyens tirés au sort. Même le personnel médical, pourtant si peu nombreux, est pris dans la nasse ! Pas d'échappatoire : environ un million de Khmers défricheront la forêt et bâtiront le mur au fil des années quatre-vingt. Efficacité militaire ? Très discutable, car les résistants au régime se faufilent en payant les gardes tandis que les réfugiés quittent toujours le Cambodge. Coût humain ? Exorbitant, car un grand nombre de travailleurs forcés, victimes d'un paludisme très pernicieux *(Plasmodium falciparum)* qui sévit sous le couvert humide de la grande forêt frontalière, meurent sur place ou rentrent chez eux gravement malades. D'autres sautent sur des mines, succombent à des hémorragies ou doivent être amputés. Les victimes se comptent par milliers.

Là encore, François a les chiffres et s'empresse de les publier. Cinq pour cent des Cambodgiens partis sur ce chantier sont morts. Soit 50 000 ! Dans un seul arrondissement de Kompong Cham, 2 000 personnes ont été déplacées et 200 d'entre elles sont décédées. « Sur les 6 500 travailleurs qui édifiaient le mur dans la région de Païlin à la fin de l'année 1984 et au début de 1985, 1 500 sont morts sans avoir reçu le moindre soin », lui confie un témoin oculaire. L'hécatombe humaine entraîne une catastrophe économique. Les femmes peuplent les rizières tandis que les hommes triment à la frontière ou tombent malade. Résultat : la récolte de 1985 est déficitaire, mais pas seulement pour des raisons climatiques. Toute la population, hantée par le spectre du défrichage, s'avère incapable de s'engager dans l'avenir, d'imaginer un seul projet de développement. Sinistre corvée. La muraille du

Cambodge prolonge les souffrances de ce pays exsangue.

D'autant que la guerre continue ! Massées près de la frontière et souvent recrutées dans les camps, les troupes nationalistes fidèles au prince Sihanouk et liées à son parti, le FUNCINPEC, multiplient les coups de main à l'encontre de l'armée cambodgienne et des militaires vietnamiens. Mais ces derniers sont surtout harcelés par les soldats khmers rouges, qui ont repris des forces grâce à l'aide internationale. Lancée à partir des marches occidentales du pays, leur guérilla s'intensifie dans les campagnes.

A chaque saison des pluies, les combattants restés fidèles à Pol Pot et toujours armés par la Chine s'infiltrent dans les villages, tuent des fonctionnaires, attaquent les garnisons gouvernementales et font régner une insécurité préjudiciable, elle aussi, au moindre essor économique du Cambodge. En retour, dès la saison sèche, le pouvoir en place à Phnom Penh lance ses chars de fabrication soviétique et ses fantassins épaulés par des divisions de « Bo-doïs » à l'assaut des sanctuaires de la résistance.

Combats de jungle. Embuscades meurtrières au détour des palmeraies en feu. Front mouvant et empoignades furieuses dans les provinces de l'Ouest ravagées par les belligérants, qui posent des mines afin de piéger l'ennemi ou de s'assurer le contrôle des zones rurales disputées. La « guerre des lâches » commence. Elle va broyer la vie ou les membres de dizaines de milliers de Khmers. En attendant, les Vietnamiens sont piégés eux aussi.

Leur invasion tourne à la catastrophe. Les voilà au banc des nations libres, privés d'aide internationale, isolés face aux folles difficultés à reconstruire leur pays ravagé, enlisés au Cambodge dans un conflit qui s'éternise, fauche leur jeunesse et pompe une part de leurs maigres ressources. « Pour eux, finalement, les pertes seront bien plus grandes que les gains », écrivait François dans le bulletin d'« Echange France-Asie » daté de mars 1979...

Bien sûr, étiré sur deux mille kilomètres, le Viêt-nam ne peut tolérer d'être pris en étau entre la Chine au nord et un Cambodge qui lui serait hostile sur sa frontière ouest. De son côté, la Chine ne peut accepter l'existence d'un grand Viêt-nam qui la prendrait en tenaille avec les treize mille kilomètres de frontières soviétiques situées sur son flanc nord. Alors, même s'ils ne sont pas les instigateurs de cette guerre, nul doute que les deux géants russe et chinois s'opposent, au départ, par Khmers et Vietnamiens interposés.

Mais leur combat a ses limites. Pour Deng Xiaoping, le soutien aux Khmers rouges pèse peu par rapport à son grand projet de « modernisation » de l'empire du Milieu. Et en face, minée de l'intérieur par une économie en déroute et une corruption endémique, la forteresse soviétique vacille. De plus, le « grand frère » est fatigué de jouer les bailleurs de fonds, principalement en équipements militaires pour les Vietnamiens partis s'aventurer au Cambodge. D'ailleurs, aurait-il encore les moyens de ce soutien matériel que la volonté politique lui ferait défaut. Car Gorbatchev arrive au pouvoir et, dès 1986, prononce son fameux discours de Vladivostok dans lequel il redéfinit la politique de l'Union soviétique en Asie sur des bases autrement plus humbles et moins conquérantes. Le retrait historique est engagé, et pas seulement en Afghanistan. Du coup, Hanoi se voit contraint de freiner ses ardeurs expansionnistes qui lui coûtent déja si cher en vies humaines, développement, isolement diplomatique. Pas étonnant que la fameuse « Do-moï », la politique de renouveau et d'ouverture vietnamienne, date aussi de 1986 et qu'elle contamine le Cambodge, touché à son tour par la perestroïka.

A Phnom Penh, la révision des dogmes se traduit par l'arrêt de la collectivisation des terres, la déclaration solennelle de la neutralité du pays désigné enfin comme Etat et non plus comme République populaire, la promulgation d'une nouvelle constitution et la reconnaissance du bouddhisme comme religion « nationale ». La guerre intérieure se poursuit mais n'empêche pas l'ébauche de négociations, sous l'égide de la France. Sihanouk et Hun Sen se rencontrent pour la première fois en décembre 1987, puis participent avec les Khmers rouges et les autorités de Hanoi à la Conférence de Paris, qui marque le début d'un long et sinueux processus de paix. Surtout, fin 1989, le corps expéditionnaire vietnamien rentre au bercail, après plus d'une décennie de campagnes meurtrières.

Plus un « Bo-doï » au Cambodge ! Du moins officiellement... François va-t-il pouvoir enfin y revenir, lui qui s'était juré, malgré de nombreuses invitations, de ne jamais entreprendre un voyage tant que durerait l'occupation vietnamienne ? Rien ne presse en vérité. Ses révélations cinglantes sur la « Muraille du Cambodge » et tous les ravages commis par le régime de Phnom Penh au sein de la société khmère, à peine sortie du cauchemar depuis le début de la guerre en 1970, ne plaident guère en sa faveur pour l'instant. Sa notoriété l'empêche de jouer les éclaireurs de l'Eglise catholique à reconstruire sur place. Et quelques tâches essentielles le retiennent encore avant le grand retour, qui s'annonce malgré tout.

D'abord raconter par écrit les quatre cent cinquante ans d'histoire de l'Eglise du Cambodge. Se plonger dans les archives des Missions étrangères de Paris pour retracer le parcours des premiers hommes de Dieu partis à la rencontre des Khmers. Des figures extraordinaires jaillissent de ce récit bientôt publié aux Editions Le Sarment/Fayard sous le titre *La Cathédrale de la rizière*, comme celle de Gervais Levavasseur, prêtre originaire de l'Orne, qui reçoit en 1768 la mission exclusive d'annoncer l'Evangile aux Khmers. Un an plus tard, il prononce son premier sermon dans la langue du pays. Puis il traduit des prières, rédige un dictionnaire latin-cambodgien, enseigne des catéchumènes, fonde un « petit collège » formateur d'un embryon de clergé autochtone, évangélise les populations du haut Mékong. Il brave la « fièvre des forêts » qui terrasse les étrangers et meurt finalement de dysenterie en 1777, après neuf années d'un apostolat fulgurant qui jette les bases de la grande mission où les martyrs seront légions.

François raconte la naissance si difficile de l'Eglise. A la fin du dix-huitième siècle, elle est incarnée par une poignée de chrétiens de Battambang qui apprennent à se passer de prêtres lorsque la Révolution française ralentit le recrutement des missionnaires. Puis elle disparaît au milieu du dix-neuvième siècle lorsque le Cambodge, en partie annexé par le Siam et le Viêtnam, n'existe plus comme entité politique. Elle resurgit néanmoins des cendres en 1848, lorsqu'un prélat,

Mgr Miche, est accueilli à la cour d'Oudong par le nouveau roi du Cambodge, Ang Duong.

Roman passionnant que cette histoire vraie d'une Eglise, tour à tour persécutée par les envahisseurs siamois, puis devenue invisible, dans sa khméritude, par l'arrivée massive de chrétiens étrangers lors du protectorat français, étouffée ensuite par les nombreux fidèles d'origine vietnamienne, puis émergente enfin avec un clergé khmer au troisième quart de ce siècle, juste avant le séisme de la « déchirure ». Presque un demi-millénaire d'existence, malgré tant de fureurs et de larmes ! Les derniers soubresauts sont les plus effrayants. François raconte la « grande épreuve » des chrétiens khmers qui « cachaient leur foi dans leur cœur » durant le régime de Pol Pot, et l'« eucharistie sans frontières » organisée plus tard par le père Venet et lui-même qui envoyaient de Thaïlande des osties cachées dans des boîtes étanches de pellicules photo afin de maintenir une communion avec la fragile Eglise rescapée au Cambodge.

Et cette Eglise, qui renaît à peine après l'anéantissement, trouve justement une identité historique, une mémoire inscrite, une filiation grâce à *La Cathédrale de la rizière.* En outre, ce livre clarifie les responsabilités à son égard...

Des fondamentalistes protestants ou même des prêtres catholiques exaltés ont en effet débarqué au Cambodge dans les années quatre-vingt, se sont pris pour de nouveaux bâtisseurs de la chrétienté et ont entrepris de relancer sur place la vie religieuse en ignorant le passé qui lui a pourtant permis d'éclore. Manipulés par les Vietnamiens, parfois motivés par leur connivence idéologique avec le régime communiste au nom d'un idéal tiers-mondiste, ils ont déclaré cette Eglise « vivante et libre », alors que ses fidèles restaient persécutés dans un pays occupé. Et la méprise s'est répandue jusqu'en France, où les propos répercutés de ces missionnaires improvisés ont achevé de brouiller les pistes.

Du coup, alerté par François et les autres prêtres présents au Cambodge avant 1975, le Vatican a fini par créer le Bureau pour la promotion de l'apostolat parmi les Cambodgiens (BPAC), à la tête duquel se trouve Yves Ramousse, l'évêque en exil forcé. Urgente clarification ! Et c'est heureusement dans ce cadre légitime que sera bientôt relancée une vraie pastorale au Cambodge.

En attendant, elle se déroule derrière les barbelés des camps de réfugiés et dans le monde entier, suivant les implantations de la diaspora. François se démène sur tous ces fronts avant son retour à Phnom Penh : la frontière thaïlandaise où il s'occupe maintenant de la formation des catéchumènes, la France avec son action continue au sein d'« Espace-Cambodge », mais aussi bien d'autres pays d'Europe, les Etats-Unis, le Canada et l'Australie. Car si le retour des exilés de la frontière est désormais acquis et programmé par les Nations unies, en revanche, tous ceux qui sont partis avec un visa définitif vers une nation occidentale n'effectueront pas de second voyage en sens inverse. Alors autant les aider à s'enraciner et soutenir parmi eux les chrétiens qui tentent l'immersion dans l'Eglise de leur pays d'accueil.

Cette fois, ce sont les miles qui s'accumulent au fil des horaires décalés. New York, Boston, San Diego, Houston, Denver, Des Moines, San Francisco, Chicago, Montréal, Ottawa et Vancouver en Amérique du Nord, puis Sydney, Melbourne et Canberra sur la terre australienne, sans compter les escales sur notre Vieux Continent. Un long périple en compagnie d'Yves Ramousse, pour fortifier les groupes épars d'exilés, établir des liens entre eux et les communautés locales, notamment leurs évêques. Ces derniers, François et Yves les rencontrent un à un, à chaque passage, pour décliner auprès d'eux la véritable identité des Khmers et les inciter à prendre en compte cette réalité nouvelle dans leur propre tâche pastorale. Un accueil du ressort de l'Eglise universelle.

Mais c'est à Paris, dans son bureau étroit de la rue d'Aubervilliers, dont les vitres tremblent toujours au passage des gros « bahuts » de livraison, qu'il revient plus profondément au Cambodge, guidé par ses pensées. La réflexion chemine avec la vie. Et la sienne est tellement liée à ce petit pays qui vient de frôler la disparition ! Il l'a quitté à l'orée de la tourmente, communiquant ensuite, parfois à tue-tête face à ses détracteurs, la douleur d'un peuple menacé de mort. Pourtant, se dit-il, cette tragédie mérite plus qu'une simple description des souffrances endurées. Certes, *Cambodge année zéro* avait esquissé une première analyse de la révolution khmère rouge, du moins de ses origines. Mais François ne s'en satisfait pas et scrute inlassablement les raisons de cet « auto-génocide ». Pourquoi le Cambodge a-t-il été le théâtre d'une tragédie de cette ampleur ? Le peuple khmer lui-même n'était-il pas, par sa culture, rendu plus vulnérable à de tels errements ? Les réponses à ces questions existentielles pour qui partage le destin du Cambodge, il va les chercher comme un forcené. Et en trouver quelques bribes, fouillant dans ses connaissances acquises depuis 1965 et rassemblant, grâce à elles, « un faisceau de petits rais de lumière convergents, capables d'éclairer les mécanismes de cette révolution radicale ».

Au fond, observe François, la décision qui a le plus scandalisé les Occidentaux, dans un premier temps, a été l'expulsion des populations citadines. Et cette mesure d'une effarante brutalité s'est doublée d'un sacrilège, avec la suppression de la monnaie, la destruction effrénée des symboles de la société de consommation, des climatiseurs aux voitures en passant par les chaînes hi-fi et tous les gadgets. En fait, il s'agissait de la contestation radicale d'un type de société souvent considérée comme la seule expression du progrès. Et pourtant, le marxisme lui-même jugeait le développement économique comme une étape essentielle vers le progrès social. Alors, où les Khmers rouges ont-ils donc puisé de tels comportements ?

D'abord dans un clivage de société exarcerbé plus qu'ailleurs, selon François, à savoir l'opposition entre la ville et la campagne, là ou deux populations d'un même pays ont fini par évoluer dans des mondes très distincts. Pour les Khmers rouges, les villes, produits de l'étranger, étaient des chancres à inciser afin que les Cambodgiens retrouvent leur pureté ancestrale. Déjà, le protectorat français avait provoqué un essor urbain, avec la création d'administrations, d'écoles et de lieux plus centralisés d'échanges commerciaux. L'indépendance, acquise en 1953, ne devait pas ralentir cette évolution, surtout dans la capitale occupée dès 1962 par près de 7 % de la population.

Grâce à ses séjours à Stung Treng, Kdol Loeu et Moat Krasas côté rural, puis à Phnom Penh et Kompong Cham côté urbain, François voit la césure croître à la fin des années soixante. Il mesure qu'avec le développement du pouvoir étatique à l'occidentale, ville et campagne évoluent dans des contextes culturels de plus en plus opposés. « Alors que le paysan doit se concilier les génies du sol et les esprits des ancêtres qui assurent la fécondité des cultures par la régularité des pluies, remarque-t-il, le citadin prend ses distances par rapport à cet environnement religieux, plus du tout nécessaire à la protection de sa vie. »

Pour l'homme de la rizière, le savoir consiste en la maîtrise de l'éthique morale, indispensable à la prospérité collective de la communauté. C'est en connaissant « le faux et le vrai », « les mérites et les démérites » qu'il se concilie les êtres invisibles qui prédisent aux destinées des humains. Dans cette société, ce n'est donc pas au lettré qu'est due la vénération, mais au « saint » : à l'ermite, personnage central des contes khmers, au bonze ou au responsable laïc de la pagode. Pour l'homme de la ville, au contraire, sont efficaces les diplômes qui ouvrent les portes de l'administration et le savoir technique qui permet de maîtriser le monde selon le code occidental. L'éthique passe au second plan. Elle peut même disparaître sous le coup des nécessités !

Ainsi les modes de vie éloignent-ils, inexorablement, les hommes les uns des autres. Bien sûr, les fonctionnaires citadins gardent des attaches au village où il reviennent à l'occasion des fêtes. Mais ils s'y trouvent mal à l'aise au contact d'une paysannerie qu'ils ne comprennent plus. Même le roi, autrefois si proche de ses sujets, ne les voit désormais que par le miroir déformant de l'administration, tandis que les ruraux n'ont plus la possibilité d'apporter leurs doléances au souverain. C'est tout juste si on ne les chasse pas des villes, car il est bientôt interdit de se promener pieds nus ou en sarong dans Phnom Penh, où les charrettes n'ont plus le droit de circuler que la nuit, où les quartiers de paillotes sont rasés au profit des buildings. Le pouvoir de Sihanouk jette un voile pudique sur les paysans pourtant majoritaires, mais considérés comme une honte.

L'opposition culturelle se renforce. Elle expliquera plus tard certains comportements des révolutionnaires, littéralement « illuminés » par les paysans côtoyés pendant leurs années de clandestinité, elles-mêmes assimilées à un « retour aux sources ».

« Pour eux, note encore François, le mode de vie des hommes de la rizière deviendra synonyme de culture khmère. » Ainsi leur habit noir traditionnel remplacera-t-il les vêtements colorés signifiant l'attachement à la ville, ainsi leurs cheveux courts seront-ils une norme imposée à tous, les cheveux longs ne reflétant que la perversion et la paresse. Quant à la suppression de la monnaie, scandale pour les citadins, elle gênera nettement moins les ruraux vivant dans un univers où le troc était resté, en grande partie, la base des échanges commerciaux. « Au contact des paysans, nous avons dû réapprendre tout ce que nous avions appris à Paris », confiera Yeng Sary, le numéro deux khmer rouge, à un diplomate en 1974. « Dans ce contexte, se dit François, le fait de renvoyer les populations urbaines vers les rizières s'inspire bien d'une volonté de régénérer le peuple, en le replongeant dans un univers qu'il n'aurait jamais dû quitter. »

Mais cet univers, remarque-t-il, c'est aussi celui du

« Chenla », territoire historique enclavé à l'intérieur des terres cambodgiennes, replié sur lui-même et peu perméable aux idées nouvelles. Bref, l'envers du « Fou Nan », autre zone ancestrale située dans le delta conchinchinois, plus proche du Viêt-nam et ouverte aux influences extérieures. Clivage renforcé, là encore, par l'administration française qui avait doté le pays d'un réseau routier favorable à l'essor des villes et de la plaine centrale où se véhiculait son influence, tandis que les régions de l'intérieur, c'est-à-dire l'antique « Chenla », n'en bénéficiaient guère. Or, c'est précisément dans ces espaces boisés et reculés que les leaders historiques de la révolution ont vécu en maquisards. Là, ils ont recruté la majeure partie de leurs troupes et attisé la rancœur des ethnies sous leur contrôle pour les populations des rizières qui les avaient vaincus et refoulés dans la forêt.

« En rasant les villes, en imposant leurs propres valeurs terriennes, les Khmers rouges se sont comportés comme les soldats du "Chenla" conquérant le "Fou Nan" au huitième siècle, constate François. D'ailleurs, en référence au "Chenla" totalement coupé du monde extérieur, les leaders du Kampuchéa démocratique ne se sont jamais souciés du regard et du jugement de l'opinion internationale. » A l'inverse des autres révolutions marxistes, qui se présentaient en termes de nouveauté ou de progrès, leur révolution fut donc résolument tournée vers le passé lointain, symbole de pureté.

Vision surprenante de la part d'intellectuels issus des villes, des bourgs ou du delta du Mékong comme Son Sen ou Yeng Sary, et qui avaient effectué leurs études en France ! « Oui, mais au contact de l'étranger, ils sont devenus plus khmers que les Khmers, insiste François, notamment si leur origine sociale n'était pas celle de la classe paysanne. » Surtout, ils ont su capter l'intérêt des paysans en leur expliquant leur aliénation par rapport aux citadins, utilisant ensuite leur dynamisme pour aller au-delà des aspirations rurales et faire triompher leurs propres idées, cette fois plus influencées par le marxisme.

« Mais s'ils sont les fils de Marx, ils sont aussi un peu ceux de Bouddha », ne craint pas d'affirmer François. De fait, malgré leur volonté de supprimer les religions, leurs tentatives de destruction de cette autorité rivale dans le but de mieux maîtriser, seuls, la nature et la population, les Khmers rouges ont quand même fait preuve, parfois, de comportements qui s'enracinent dans un inconscient assez marqué par le bouddhisme khmer.

Celui-ci se présente en effet comme une religion rationnelle, pouvant donner des explications logiques du monde, de la vie, de la souffrance, par opposition aux autres religions impliquant la foi. En somme, une philosophie qui peut justifier l'histoire des hommes sans référence à une divinité. Sur ce point, les révolutionnaires étaient d'accord et intégraient à leur comportement une partie des affirmations matérialistes bouddhiques. « La religion nous apprend à ne compter que sur nos propres forces, sans attendre le secours d'un sauveur venu d'en haut », disaient les cadres de l'Angkar, lors des réunions de formation idéologique. Le slogan « Aide-toi toi-même » est, à ce titre, la réplique de la maxime bouddhique « tout être est son propre refuge ».

« Par ailleurs, précise François, la doctrine karmique qui conduit souvent à l'individualisme, chacun étant responsable de ses propres actes et d'eux seuls, coïncide avec l'égalitarisme radical cher aux révolutionnaires : « Tous les hommes sont égaux, les princes et les puissants doivent se purifier comme les autres. » Voilà ce qui, entre autres, a aussi empêché toute résistance organisée au régime de Pol Pot, chacun ne s'occupant que de son propre avenir, sans interférer avec les affaires d'autrui, selon la règle sociale bouddhique.

Reste la croyance en la réincarnation. Cette conviction, universellement répandue chez les Khmers, engendre un rapport avec la mort moins tragique que dans la mentalité des Occidentaux. Pour ces derniers, la vie est précieuse car elle est unique, commençant à la conception et se terminant avec la mort. A l'inverse de cette vision linéaire de l'existence, la conception cyclique de la réincarnation diminue le caractère absolu de la vie. Dans le langage courant des Cambodgiens, d'ailleurs, la mort est omniprésente : on affirme la préférer à des paroles blessantes, être tué plutôt qu'être lésé.

Si l'on ajoute à cette croyance les effets de la doctrine karmique, on aboutit à la conclusion que l'individu coupable doit subir le châtiment que ses actes ont provoqué, sans possibilité de rachat. Rien à voir avec la mentalité confucéenne – celle des Chinois et des Vietnamiens – où la faute est d'abord une erreur, et donc réformable. Les Khmers rouges, eux, n'avaient que faire de la rééducation ; ils lui préféraient l'extermination. « En tuant, ils semblaient donner une chance à leurs victimes », explique François.

Enfin, dans la vie quotidienne, la purification intérieure de tout désir est un trait essentiel du bouddhisme. Les révolutionnaires n'ont-ils pas parfois respecté cette vertu, notamment au travers de leur appel au « renoncement », impliquant l'oubli du sentiment de propriété et l'indifférence face à sa destinée personnelle ? Même chose pour les biens matériels : les perdre n'avait guère d'importance et les réfugiés en conviennent avec cette phrase d'un fatalisme incroyable : « Si nous avions eu à manger et si la violence aveugle ne s'était pas abattue avec tant de force, nous serions restés au pays, même après avoir tout perdu. » « En revanche, note François, face à un tel défi, la réaction des Cambodgiens d'origine chinoise s'avère totalement différente : ils n'ont pas été formés au détachement bouddhique et les biens matériels font partie d'eux-mêmes. »

Cette analyse qui peut paraître osée a bien sûr ses limites, dans la mesure où les Khmers rouges ont finalement empêché, dans leur régime, la survivance de la religion elle-même. « Et à sa place, si puissante et connaissant tout avec ses "yeux d'ananas", assurant d'une manière infaillible le bonheur de chacun de ses sujets, c'est l'Angkar, conclut François, qui est devenue le nouveau dieu dérisoire d'un pays de morts vivants. »

N'empêche, se dit-il au crépuscule d'une réflexion menée sans ambages, cette révolution, fille de l'Occident qui a fourni des méthodes d'analyse et des principes marxistes, plonge toutefois certaines de ses racines dans la terre khmère. Et, aussitôt, lui revient à l'esprit la prophétie d'un sage du Cambodge qui, jadis, face aux guerres et aux souffrances qui avaient déjà tant marqué l'histoire de son pays, voyait ainsi l'avenir de son peuple :

« Le Dieu dérisoire d'un pays de morts vivants »

« Il y aura des maisons, mais personne n'y habitera plus,
Il y aura des rues, mais personne n'y circulera.
Dans la plaine des Quatre Bras,
Le sang atteindra le ventre de l'éléphant.
Du peuple khmer ne restera qu'une poignée
Qui pourra s'abriter à l'ombre d'un banian. »

10

De retour au Cambodge

Province de Battambang, route nationale numéro 5, décembre 1993. Un nuage de poussière envahit la piste, gagne ses bas-côtés où les arbustes esseulés ont la couleur rouge des millions de particules de terre projetées dans le sillage des véhicules. Le taxi vient d'allumer ses codes pour mieux transpercer l'épais rideau qui sature l'atmosphère. Les six passagers entassés et le chauffeur de la vieille berline Toyota aux amortisseurs en lambeaux ont dû remonter les vitres, pour ne pas suffoquer. Du coup, c'est la surchauffe, par 36 °C de température extérieure. Parfois, il faut bien passer la main hors de la voiture, pour donner quelques riels aux militaires qui n'ont d'autres ressources, en l'absence de solde, que de rançonner faiblement les voyageurs, au passage de « check-points » installés dans un seul but lucratif. Les petits billets à l'effigie des tours d'Angkor passent de main en main et ouvrent la voie vers l'ouest. Au loin, c'est la Thaïlande, par-delà les villes de Sisophon, Mongkolborey, Ratanak Mondol ou Pailin, les forêts qui étouffent les collines et les villages alignés le long des routes, dans une clarté cloisonnée d'ombrages, tamisée par les feuilles des cocotiers.

La zone frontalière est dangereuse, déconseillée à la circulation en raison de la guérilla khmère rouge qui opère toujours dans ce secteur, finalement le plus agité depuis les élections générales de mai 1993, organisées par l'ONU. On peine à croire, ici, que le Cambodge est sur la voie de la paix, tant les maquisards de Pol Pot, étrangers au processus de concorde et de stabilisation du régime, multiplient les coups de main et mobilisent des forces armées plus préoccupées, pour leur part, d'organiser les péages routiers frauduleux que de faire régner l'ordre.

Des roquettes s'abattent d'ailleurs de temps à autre sur Battambang, la seconde ville du pays, terminus du périple exténuant. En provenance de Phnom Penh, François sort de la Toyota après sept heures et demie de trajet. Direction les faubourgs, près d'un terrain vague herbeux, semé de palmiers élancés, là où s'élevait jadis une église, animée par l'une des plus vieilles paroisses chrétiennes du pays, créée par une poignée de fidèles en 1798. Mais les Khmers rouges ont rasé l'édifice, dynamité le clocher et abattu les murs jusqu'à la dernière pierre, avant de ravager le cimetière proche. Reste de cette folie destructrice les bâtiments de l'ancien couvent des sœurs de la Providence, dont l'utilisation a varié selon les urgences de la guerre, servant alternativement d'abri pour les orphelins ou de mouroir pour les soldats blessés lors du conflit khméro-vietnamien. L'Eglise renaissante a pu enfin les récupérer auprès de l'administration. Et c'est là, tout près d'un quartier de paillotes enchevêtrées, autour d'un jardin joliment désordonné, dans des constructions simples encore parées de vieilles boiseries ou de couleurs passées de style colonial, qu'elle a choisi d'implanter un séminaire comme on lance un défi.

L'ancien lieu de formation des prêtres, avant 1975, se voyait de loin à Phnom Penh, près des arches du pont japonais et de la route qui mène à Kompong Cham, bâti sur plusieurs étages où s'alignaient les locaux d'hébergement et les salles de cours. Ne subsiste plus, à présent, qu'une ruine aux façades noircies par les trombes de la mousson, pauvre relique posée au milieu des champs inondés.

Plus de quinze ans après son abandon forcé, l'Eglise s'est refondée sur des bases plus modestes dans cette province lointaine de Battambang, sûrement la plus marquée par le christianisme au Cambodge, en raison du nombre de communautés qui y résident depuis déjà deux siècles. Surtout, c'est l'enfouissement dans un monde typiquement khmer, distant de la capitale cosmopolite et des zones peuplées de civils vietnamiens, afin d'éviter les erreurs du passé, lorsque l'Eglise, envahie par les étrangers, empêchait les Khmers d'être eux-mêmes en son sein et d'y prendre des responsabilités.

Jamais, dans l'Histoire, tant de séminaristes cambodgiens n'ont été en formation dans le même temps. A Battambang, ils sont huit. Venus du Canada où l'exil les avait transportés, des camps de réfugiés où leur projet de vie sacerdotale a germé dans un no man's land, puis du Cambodge où quelques vocations sont apparues, telle une ultime ressource, dans les communautés survivantes de la « déchirure ».

Bien sûr, il a fallu ruser pour les installer là. Seule

Caritas avait le feu vert des autorités pour s'implanter. Ainsi, Emile Destombes et une poignée de prêtres et de religieux ont-ils débarqué en 1990, à Phnom Penh, sous le couvert de l'organisation internationale catholique dont ils formaient, théoriquement, une partie du personnel humanitaire. Même chose à Battambang. A partir de cette ville, Caritas poursuit effectivement une action de développement dans les villages sinistrés pour cause de menace khmère rouge. Le séminaire est englobé dans ce programme. Ses élèves sont donc officiellement jardiniers, chauffeurs, gardiens, hommes de peine. Et François, classé lui aussi dans le personnel humanitaire, leur enseigne la Bible dix jours par mois.

D'ailleurs, il les connaît depuis longtemps, pour leur avoir donné au départ, lorsqu'il se trouvait encore dans les camps et faisait régulièrement le voyage vers Battambang, des cours de lecture, d'écriture, de calcul et de géographie. La culture générale faisait défaut à ces jeunes, appelés au sacerdoce parmi la masse des chrétiens khmers, c'est-à-dire dans l'extrême pauvreté. « Au moins sont-ils ainsi la véritable émanation des communautés, réagit François, correspondant à notre projet de former des pasteurs proches de la population, à l'inverse de petits chefs locaux ou d'administrateurs au-dessus de la mêlée. »

Et puis l'Eglise khmère a trop souffert, jadis, de responsables recrutés parmi l'élite intellectuelle et ne sachant plus, à leur retour d'études menées en France, trouver l'attitude et les mots pour fortifier la foi de leurs compatriotes, s'insérer parmi eux avec la simplicité qui augure la fécondité de l'action pastorale. Cette fois, aucun risque ! D'autant que les conditions de vie, en communauté au séminaire, sont d'une simplicité radicale et que, chaque fin de semaine, les séminaristes partent s'immerger dans les paroisses alentour : Chomnom et ses 300 fidèles qui redonnent vie à une communauté née en 1923, Tapum et ces réfugiés pauvres comme Job qui viennent de retrouver leur terre d'origine, les abords de Siem Reap et sa population de pêcheurs du Tonlé Sap... Les profondeurs du pays khmer. Au retour duquel, le lundi, ils mettent en commun leurs expériences et analysent les situations. Bien sûr, c'est fastidieux, terriblement exigeant. Mais l'enracinement des prêtres est au bout de l'entreprise.

Néanmoins, dans le cadre de cette formation rigoureuse, se pose le problème épineux du célibat. A ce propos, François a refusé, il y a quatre ans, de devenir le supérieur du séminaire, charge impossible à assumer pour lui tant que les autorités de l'Eglise lieraient célibat et sacerdoce.

Car, qu'on le veuille ou non, la question se pose au Cambodge. Depuis 1965, cinq prêtres ont quitté le ministère pour cette raison. Et, à surprendre certaines conversations entre séminaristes à Battambang, le dilemme est bien présent. « Alors, après plus de 35 ans de sacerdoce, chargé en plus de la formation des futurs prêtres, j'estime avoir non seulement le droit mais le devoir d'aborder le sujet, même si cela dérange, explique François. Bien sûr, ce problème de discipline ecclésiastique dépend de Rome. Mais au moins puis-je donner mon opinion, émettre des propositions. Le cardinal Lavigerie ne prônait-il pas, dès le début de ce siècle, l'ordination d'hommes mariés pour l'Afrique, comme solution mieux adaptée à la réalité culturelle de ce continent ? »

En fait, la confusion entre l'état de prêtre et celui de célibataire lui apparaît grave, puisque la foi en Jésus-Christ ne repose pas sur des « œuvres » mais sur la foi ! Surtout, au Cambodge, dans une société bouddhiste, avoir uniquement des prêtres « abstinents » renforce l'idée que tout ce qui touche au sexe est « impur », voire mauvais. Une réaction qui mène à l'inverse de la pensée biblique, où la Vie est la valeur suprême à transmettre et à défendre.

« Certes, reconnaît François, la chasteté résulte d'un choix pour le royaume. Ce n'est pas uniquement pour des raisons de disponibilité, comme je l'ai entendu dire au séminaire, que l'on s'engage pour le Christ, valeur suprême et unique, demandant tous les sacrifices. Combien de prêtres ont découvert cette "perle" qui pousse à tout abandonner, même ce qui est le plus profond de l'homme ! Mais si Jésus (Matthieu, 18) offre la possibilité, à son époque, de ne pas suivre la contrainte sociale du mariage, ne faisons pas non plus, à présent, de cette liberté une obligation pour tout candidat au sacerdoce. "Pourquoi provoquer Dieu en imposant à la nuque des disciples un joug que ni nos pères ni nous-mêmes n'avons été capables de porter ?" dit Pierre dans les Actes des Apôtres (15,10). »

Et puis, dans une si petite Eglise, presque à ses débuts, le célibat est-il réalisable ? « Les difficultés sont immenses et le découragement des pasteurs est inévitable, poursuit François. Comment, dans de telles conditions humaines, les prêtres khmers peuvent-ils rester célibataires ? D'autant qu'au sein de leur société, toute relation d'amitié forte et équilibrante entre un homme et une femme est suspectée, voire impossible. Après tout, Jésus a bien choisi des hommes mariés pour être ses premiers disciples et fonder son Eglise ! N'exposons pas les hommes de Dieu à vivre dans la duplicité ou l'hypocrisie, fatales pour leur propre foi et pour la vie de l'Eglise. [...] Employer tant d'énergie pour endiguer le flot de l'amour, qui est le dynamisme le plus profond de l'être humain, me semble un terrible gâchis, même si on plante la croix au milieu pour affirmer que c'est la volonté de Dieu. Sans doute l'ordination d'hommes mariés ne résoudra-t-elle pas tous les problèmes et en engendrera-t-elle bien d'autres. Mais ce n'est pas une raison pour s'abstenir de réfléchir à l'ordination d'"Anciens", responsables de communauté plus que prêtres dans l'acception actuelle du terme. »

La question est posée. Avec force. Mais elle reste aujourd'hui sans réponse. Alors, sans toujours accepter la direction du séminaire, François n'en continue pas moins ses cours d'Ecriture sainte, naturellement dispensés en khmer.

« Lentement, explique-t-il, je défais avec mes élèves l'emballage judéo-grec de la Bible. Puis nous examinons ensemble de quoi est composé ce joyau avant de le réemballer à la mode khmère, avec l'obsession de toujours créer des rapports étroits entre ces écrits et la culture cambodgienne, cherchant en elle les mythes existants qui se rapportent, par exemple, à la Création ou au Déluge. Sans cesse, il nous faut "relativiser la Bible", ce texte d'un peuple et cette parole de Dieu, pour la retraduire dans une autre culture. Voilà qui me permet de réfléchir à l'adaptation de vérités jusqu'ici uniquement véhiculées en français ou en anglais. De rédiger ensuite en khmer des commentaires suivis des Evangiles, des épîtres de saint Paul, du

Pentateuque et des écrits des Prophètes. De bâtir, en somme, les outils de la foi d'un peuple. »

Et c'est bien dans cet objectif que François est rentré au Cambodge. Pour reprendre, vingt ans plus tard, le travail ébauché dans la capitale assiégée par les Khmers rouges entre 1970 et 1975. L'urgence dictait alors aux missionnaires en sursis de traduire en toute hâte les lectionnaires dominicaux et les textes liturgiques de l'Ancien Testament, de rédiger un programme de formation accéléré des catéchistes khmers, afin que la foi puisse se révéler et se transmettre en leur absence programmée par les événements. Mais de ces premiers instruments, il ne reste rien aujourd'hui, après la furie khmère rouge et l'oppression vietnamienne. Alors tout recréer ! Vite ! Et toujours dans l'urgence, puisque le pays reste miné par une effrayante instabilité militaire et politique, la situation des missionnaires munis de visas de six mois renouvelables demeurant très précaire.

L'ONU est passée par là... Selon les Accords de Paris, l'organisation internationale s'est vu confier la tâche de pacifier le Cambodge, de l'épurer de ses violences endémiques et d'y préparer la tenue d'élections libres. Une instance spéciale, l'Autorité provisoire des Nations unies au Cambodge (l'Apronuc) joue donc un rôle de tutelle sur le pays, avec une force logistique considérable : plus de 22 000 personnes, dont environ 15 000 militaires, venues de trente-quatre pays.

But de l'opération : assurer la réinsertion des 370 000 réfugiés des camps de Thaïlande, organiser des élections, désarmer les factions en conflit et refonder une administration digne, si possible, d'un Etat de droit. Résultat : un échec sur presque toute la ligne et principalement en ce qui concerne les deux derniers points.

Mené par un falot de première classe, le Japonais Yasushi Akashi qui devait plus tard s'illustrer de la même manière en Bosnie, les forces de l'Apronuc n'ont pas le courage de remplir leur mission et de s'attaquer aux Khmers rouges... de peur d'avoir à livrer des combats meurtriers. Les réformes administratives, qui doivent normalement être engagées par les Français, restent dans les cartons des fonctionnaires onusiens, enrubannant seulement quelques discours trompeurs, tandis que redoublent la mainmise des factions, la gabegie et la corruption.

Seules les élections se déroulent comme prévu, avec tout de même 200 assassinats, 338 attaques et 114 enlèvements pendant la campagne électorale, le vote quasi impossible pour les 350 000 Khmers en exil à l'étranger, quelques irrégularités et, au bout du compte, un résultat tronqué. En effet, le FUNCINPEC, parti royaliste de Ranariddh, le fils du prince Sihanouk, l'emporte mais finit par composer avec le Parti du peuple cambodgien (PPC) rassemblant les hommes au pouvoir depuis 1979. Cette dernière formation, dirigée par Hun Sen et de nombreux anciens Khmers rouges, n'accepte pas sa défaite, hurle à la fraude et menace de faire sécession dans six provinces. D'où le partage final du pouvoir entre Ranariddh le vainqueur et Hun Sen le perdant, faisant du Cambodge l'exemple unique au monde d'un pays dirigé par deux co-Premiers ministres...

« Et encore, écrit à l'époque François, la consultation n'a pu avoir lieu que grâce au dévouement des 700 volontaires de l'ONU, payés 700 dollars par mois, qui ont pris des risques considérables – l'un d'eux a été tué – pour que le scrutin se déroule dans des conditions acceptables sur le terrain. Pendant ce temps, les hauts fonctionnaires de l'ONU aux salaires mirobolants demeuraient inactifs et détachés des réalités dans leurs villas louées à prix d'or. »

L'argent fou ! Par cette dérive, le « règne » de l'Apronuc a sûrement plus achevé de déstabiliser le Cambodge qu'il n'a favorisé sa cohésion sociale. La plus ambitieuse opération jamais entreprise par les Nations unies, étalée sur deux ans, a coûté la bagatelle de trois milliards de dollars ! Des sommes folles ont donc été déversées sur place, creusant le fossé entre nouveaux riches à la fortune clinquante et l'immense majorité de la population, surtout celle des zones rurales, trop éloignées du fantastique gâteau à se partager sans scrupules.

Des « bérets bleus » recevant en prime journalière, donc en plus de leur traitement, l'équivalent d'un an du salaire d'un fonctionnaire cambodgien ! Des villas de Phnom Penh au prix de location passant d'un coup de 500 à 3 000 dollars par mois, à la grande satisfaction des responsables de l'Apronuc, intégralement pris en charge ! Et puis, favorisée par la pluie des dollars, l'explosion de la prostitution et du sida, de la drogue et du banditisme...

« Qui sait ? Sans cette médiation internationale et cette mission de l'ONU, le pays serait peut-être encore en guerre aujourd'hui, s'interroge François. Une certaine paix a sans doute été assurée. Mais au prix de quels échecs lourds de menaces pour l'avenir et de quels gaspillages glissant la corruption dans tous les interstices de la vie sociale, des petits accommodements jusqu'à la grande tricherie ! »

Cette dernière a connu son apogée sur la fin. Quand les différents contingents ont revendu aux Cambodgiens qui venaient de s'enrichir le matériel, surtout les voitures, mis à leur disposition par les Nations unies. Certains l'ont même volé pour leur propre compte. Arrivée pratiquement sans bagages, la mission gabonaise est repartie avec vingt containers, tous exempts des contrôles de douane.

« Et dire que les représentants de cette nation d'Afrique, tout comme ceux du Bengladesh, de Thaïlande, du Pakistan ou de Chine, étaient aussi venus initier les Khmers à la démocratie qui n'existe pas dans leur pays d'origine ! » s'emporte François. « Ainsi, poursuit-il, à l'inverse de l'évolution souhaitée vers un Etat de droit, la faillite, en plusieurs points, de la mission de l'Apronuc et les scandales entachant sa présence ont favorisé l'essor et l'implantation du régime militaro-affairiste à Phnom Penh. »

La méprise est totale. François ne cesse de la dénoncer lors du mandat de l'ONU. Mais le processus déclenché par la communauté internationale est irréversible et il est un point dans ce programme – le retour des réfugiés – où il s'investit pour peser sur la situation et tenter de limiter les détresses.

Le grand rapatriement commence dès le mois d'avril 1992, au rythme de 10 000 personnes par semaine. A cette époque, François se trouve encore dans les camps. Ce retour, il n'a cessé de convaincre les Khmers de la frontière de l'accepter comme la seule issue possible à leur condition de « personnes déplacées ». Lors d'une veillée pascale, il a même inscrit dans la liturgie le texte d'Ezéchiel, avec cette phrase clé du chapitre 37 : « Je vous ramènerai au pays et je verserai sur vous une eau pure. »

Mais le voyage, entièrement ficelé par l'ONU via le Haut-Commissariat pour les réfugiés, s'avère semé de chausse-trappes. Un cinquième seulement des cent cinquante mille hectares nécessaires à la réimplantation des paysans a pu être trouvé. L'UNHCR remplace donc cet espace promis d'accueil par une allocation, tandis que s'étendent à perte de vue les campagnes fertiles et inpénétrables, en raison de la présence persistante des mines. A la mi-1993, l'Apronuc n'en a désamorcé que 12 000 sur plus de 2 millions.... Elles continuent donc de tuer ou de blesser entre 150 et 250 personnes par mois et de geler le développement. Ailleurs, au bout du chemin, certains réfugiés ne trouvent pas la terre qu'on leur a promise. Elle a été confisquée par des petits chefs locaux qui l'ont revendue au plus offrant. Ne reste plus qu'à s'installer sur les parcelles inondables à la saison des pluies, parmi les broussailles ou sur les friches abandonnées.

Sans prise sur ce destin tracé par le cours de l'Histoire et la volonté des Nations unies, François garde quand même une influence, particulièrement auprès des chrétiens. Pour eux, et avec d'autres prêtres, il a réalisé un petit *Livre de vie*, distribué ensuite aux familles appelées à se disperser à l'intérieur du Cambodge. Qu'elles trouvent au moins dans cet ouvrage des prières simples, des chants, une liturgie des sacrements et des textes de l'Evangile pour entretenir la foi célébrée ou découverte dans les camps. Que les convictions, parfois nées de l'exil, ne s'évanouissent pas sur le chemin sinueux du retour. Croire offre une telle force pour traverser les épreuves !

« Prenez contact avec l'Eglise dès votre arrivée, rattachez-vous aux communautés proches de l'endroit où vous poserez vos bagages », leur conseille François, qui tente obstinément de les accompagner, tant qu'il peut, sur le plan spirituel et humain, juste avant qu'ils ne franchissent les barrières du camp, effectuant en direction de leur pays, quitté jadis la peur au ventre, un voyage à rebours vers l'inconnu qui angoisse.

Si peu sûres de l'avenir, bon nombre de ces populations se sont fixées dans la province frontalière de Battambang afin de pouvoir fuir à nouveau vers la Thaïlande en cas de refoulement ou de reprise des combats. François les retrouve donc lors de ses passages au séminaire, quand, entre deux cours, il s'évade vers l'échiquier des rizières. Et ces visites, parfois, le mènent au village de Tapum, là où le sort des familles arrivées de Thaïlande symbolise l'impasse où échouent tant de réfugiés.

« Rien ! » s'exclame-t-il en parcourant, d'un pas rageur, le long serpentin des paillotes alignées sur le cours d'une rivière sombre aux méandres qui courbent à l'horizon le tracé de la forêt tropicale. « Ces paysans ne possèdent rien ! Ce qui s'appelle rien ! Même pas un buffle, un vélo, une parcelle de jardin maraîcher ou un toit à l'épreuve des ondées. » De fait, la terre qui leur était réservée au sortir des camps n'est qu'une croûte infertile. Ils n'ont vécu qu'un temps sur leur pécule de départ, avant d'être recalés dans l'indigence, survivant de travaux journaliers, de cueillettes irrégulières, de pêche aléatoire dans les mares alentour et des revenus infimes de la vente de bois de chauffage fracassé à la machette.

Aucun doute, ce dénuement total englue des centaines de milliers de Khmers, impuissants à mieux irriguer leurs rizières, déracinés à Phnom Penh ou tout juste libérés de l'emprise des Khmers rouges qui finissent par céder du terrain devant les défaites militaires, mais dont le retrait révèle l'étendue d'un malheur historique.

Ainsi dans la province de Siem Reap, au nord des temples d'Angkor, le long d'une piste qui mène aux ultimes refuges des maquisards. Ceux-ci n'ont pas eu besoin de pratiquer la stratégie de la terre brûlée en reculant sous les coups de boutoir des forces armées cambodgiennes. Ils ont simplement laissé la population dans l'état monstrueux où elle avait vécu durant un quart de siècle sous leur domination, c'est-à-dire dans une pauvreté sans limites. Ronger son os ! Au propre et non au figuré ! La famille de Bopha en est ainsi réduite à cette infortune. Les seuls morceaux de viande à manger s'agglutinent autour d'un vieux fémur de porc noyé dans l'eau bouillante et trouble. Même le riz fait défaut un jour sur deux, remplacé alors par les champignons et les tubercules déterrés dans la forêt. Les enfants, qui n'ont d'autres loisirs que de courir sous la chaleur et sur le sol craquelé, sont fauchés par les maladies infectieuses ou affaiblis par la malnutrition.

Vingt-cinq ans sous les Khmers rouges ! Ces villageois sortent à peine du cauchemar, avec leur regard perdu dans on ne sait quel songe. Leur misère est pire que celle des réfugiés de Tapum. « Posséder moins que rien », prend alors tout son sens, tandis que se met à briller, soudain et par comparaison, l'étincelle de la foi.

Oui, les yeux des chrétiens de Tapum portent cette lueur qui reflète la vie intérieure. Leur détresse n'est pas infinie puisqu'une conviction les empêche de désespérer et leur donne une énergie, certes faible, mais à la source de petites initiatives qui les sortent jour après jour de leur condition initiale, les rassemblent tous en une communauté solidaire, les propulsent surtout vers des plus pauvres qu'eux, à l'image des rescapés du joug khmer rouge au nord d'Angkor. Aide infime traduite en grains de paddy, en fruits ramassés dans les bois, en prêt du matériel de construction reçu de l'UNHCR à la sortie des camps, en temps passé à écouter les récits qui exorcisent un drame, en conseils pour tenter de scolariser leurs enfants et en tentative ultime de partager leur propre espérance.

Tout n'est pas perdu ! « Et ces hommes, ces femmes, par leur isolement et la manière dont ils puisent ensemble de leur dénuement, malgré tout, la force d'accomplir des gestes prophétiques, reflètent vraiment l'Eglise du Cambodge », confie François. Que représente-t-elle, en effet, si ce n'est 7 000 chrétiens khmers dispersés, de vraies églises surmontées de clochers qui se comptent sur les doigts d'une main, des salles de prières aux murs de bambou tressé dans le fond des villages posés sur la nappe infinie des rizières, un clergé minuscule où la mémoire de cette institution est portée par les missionnaires étrangers, dans la mesure où tous les prêtres et religieux cambodgiens ont été tués. Et de fait, les pauvres sont de loin les plus nombreux de ses fidèles...

« Alors pourquoi ce trait persistant ? s'interroge souvent François. Pourquoi la moins favorisée des catégories sociales représentée si massivement ? » D'abord, remarque-t-il logiquement, en raison de la proportion de Cambodgiens vivant au-dessous du seuil de pauvreté absolue : 36 % (40 % dans les campagnes), selon les derniers chiffres du Programme des Nations unies pour le développement (PNUD). Ensuite, cette réalité tient à la nature des premières communautés, formées de nombreux esclaves rachetés par les missionnaires, dont le paternalisme empêchait parfois les chrétiens de quitter leur condition d'origine. Nul doute, aussi, que les catholiques qui offrent la primauté à la foi recrutent moins d'adeptes parmi les classes moyennes que les protestants, ces gens du Livre, se fondant sur le savoir, et qui aimantent plus de professeurs ou d'étudiants au Cambodge.

Enfin, la venue au christianisme de nombreux Khmers a récemment eu lieu alors qu'ils se trouvaient en état de dénuement matériel et moral. Ce sont les plus grandes victimes qui ont éprouvé le plus fort besoin de Dieu, comme en témoigne la vague de conversions observée dans les camps. L'Evangile reste à ce titre la bonne nouvelle annoncée en priorité aux pauvres.

Et pourtant, on ne devient pas chrétien au Cambodge comme on attrape la grippe ! Rien à voir avec les sectes fondamentalistes anglo-saxonnes, foisonnantes à Phnom Penh, animées par des pasteurs d'autant plus enclins au prosélytisme qu'ils recoivent des fonds au prorata du nombre de leurs fidèles. Ces sectes offrent des dollars en échange d'une présence au temple lors des offices. « Et toi, combien donnes-tu dans ta religion ? » demandent ainsi des Khmers à François quand ils découvrent sa condition de prêtre. Sans savoir qu'il agit, lui, à l'inverse des fondamentalistes, s'opposant même à d'autres prêtres ou religieux catholiques, arrivés dans le pays avec leur congrégation conquérante, et qui souhaitent triompher au plus vite grâce au nombre des baptisés.

« Instruisez-les à raison de deux cours par semaine pendant six mois, afin qu'ils reçoivent ce sacrement dans les plus brefs délais », demandent aux missionnaires les responsables d'un grand centre de formation professionnelle catholique, qui accueille des centaines de jeunes élèves dans des bâtiments flambant neufs dominant le quartier de Russey Kéo.

« Pas question de céder à de telles pratiques, qui rappellent les baptêmes en série dans un pays comme le Rwanda, réagit François. On a vu le résultat quand la foi des hommes ne résulte pas d'une véritable conversion. » Avec lui, l'Eglise voit au-delà des statistiques mirobolantes et des édifices prestigieux bâtis au nom de la fameuse « visibilité ». L'esprit « boutiquier » lui est étranger. Au contraire, la route est longue, ardue, pour entrer de plain-pied dans la communauté. « La foi c'est comme une histoire d'amour : on se connaît, on s'épie, on s'apprécie, on se découvre et l'on s'unit dans la vérité d'une relation approfondie », martèle François à l'adresse des catéchumènes. Il anime les réunions ou les sessions de formation avec une passion fantastique, convaincu que ces adultes sont bien « la matrice dans laquelle se fonde aujourd'hui l'Eglise du Cambodge ».

Et quel signe de respect, à leur égard, que de ne pas les accepter sans l'effort d'un cheminement qui passe par des étapes essentielles ! Ne plus demander d'aide matérielle, car il ne saurait être question de cet intérêt au sein d'une Eglise qui n'est pas une « vache à lait » mais une communauté de croyants ; parvenir à s'affranchir des génies fonciers, ces « Neak Ta » qui hantent l'âme, mais dont les Khmers ont de moins en moins peur au fil de leur parcours vers Dieu ; admettre, enfin, qu'on ne peut pratiquer à l'église et continuer d'aller prier à la pagode. Pourtant, après plusieurs mois de discernement et avant que l'évêque appelle les catéchumènes puis les baptise à la veillée pascale, leur cérémonie d'admission utilise les gestes traditionnels du bouddhisme. Ils se prosternent trois fois en offrant des bâtonnets d'encens au Christ comme ils le faisaient jadis pour Bouddha. L'absence d'équivoque n'exclut pas l'acculturation de la foi.

L'exigence se révèle féconde. Jamais l'Eglise du Cambodge n'a rassemblé tant de catéchumènes, au nombre de 620 actuellement. Mais savent-ils que ce projet fondateur leur permettra de recouvrer une part de leur dignité ? De s'affranchir d'une oppression qui dure depuis des années et d'apprendre à se situer individuellement dans le monde qui les entoure ?

« La parole de ce peuple a été confisquée, scande François. Les plus âgés n'ont eu d'autre issue, pendant longtemps, que de se conforter aux mots d'ordre idéologiques et de n'exprimer que la pensée du cadre de l'Angkar ou du conseiller vietnamien. Quant aux jeunes, ils étaient phagocités dans cette société agraire fondée sur l'expérience où l'aîné a toujours raison. » Cette piété filiale reste d'ailleurs une vertu inculquée à l'intérieur de la famille, dans les écoles et dans les pagodes, où les rites comportent toujours des paroles et des gestes de gratitude à l'égard des anciens. Dans ce contexte, aucune décision ne se prend sans en référer aux grands-parents, aux parents ou à ceux qui les remplacent (oncles, tantes). Les enfants vivent sous le pouvoir des plus âgés qui tracent leur destinée.

Mais ces jeunes adultes et ces rescapés de la période khmère rouge, l'Eglise leur donne la parole. Lentement, ils apprennent à exprimer leurs propres idées et à livrer le fond de leur pensée. Certains n'osent parler ainsi qu'au bout de cinq ans. Et ce n'est pas un hasard si des synodes, réunions de délégués de toutes les communautés chrétiennes du pays, ont lieu chaque semestre à Phnom Penh autour de thèmes se référant à la vie ecclésiale et à la foi. Leurs buts ne sont pas seulement l'organisation interne et l'enseignement. Ils sont aussi l'occasion de prises de parole singulières et bouleversantes qui révèlent l'autonomie d'une vie intérieure. « J'ai parfois la gorge serrée face à l'expression libre de jeunes arrivés de leur province », avoue François. Car soudain, ils se lèvent, dominent l'assemblée, racontent le bonheur et les écueils de leur vie communautaire au village, critiquent l'animation liturgique ou les cours de catéchisme, dessinent de nouvelles priorités pour l'action pastorale en direction de familles proches de leur lieu d'habitation, mais encore plus enclavées au fond du Cambodge rural. Une émancipation qui provoque des divergences de vues, des débats, des oppositions aux prêtres. « Tant mieux, répond François. Voilà bien la preuve d'un éveil des consciences et d'une parole confiée aux croyants qui, face à nos questions, livrent leur vérité et ne se demandent plus, à l'occasion d'un silence gêné, quelle réponse pourrait bien satisfaire le prêtre. » Au fond, cette mutation très culturelle relève de l'exploit dans cette société où tant d'hommes se plient à l'autorité pour se la concilier, où la religion à adopter sans mot dire est « celle du prince », où l'« on entre dans la rivière par ses méandres et dans le pays par ses coutumes ».

Défi et urgence à la fois, que la création d'une telle ressource humaine au Cambodge. Le pays a été saigné de ses élites, de ses cadres et de ses hommes de valeur acquis à la notion du bien commun lors de la folle épuration des Khmers rouges. En outre, ceux qui sont passés au travers des purges ont été les premiers à s'exiler pour toujours. Des 50 jeunes présents, avant 1975, dans le foyer d'étudiants qu'il dirigeait à Phnom Penh, François n'en a retrouvé que deux à son retour, en 1993...

Les survivants ont été matraqués par la suite des événements, principalement l'occupation de leur territoire par les Vietnamiens. Atteint d'une « espionnite aiguë », ceux-ci ont tissé dans la population un vaste réseau de renseignement, encourageant partout des réflexes de délation comme on instille un poison mortel au cœur d'une société méprisée. Résultat : des haines tenaces qui persistent et le soupçon entretenu comme une seconde nature. Quant au collectivisme démentiel mis en œuvre à l'époque, il ne suscite plus que la réticence face aux projets communautaires et la méfiance envers toute forme d'autorité et même d'association.

Les Khmers en sont là. Marqués au fer rouge par la démence passée de leurs régimes politiques. « Le ressort est brisé », ajoute François. Mais pas question pour lui et les autres missionnaires, après ces années de « dressage » de tout un peuple, de laisser se former une Eglise de la soumission et de la passivité. Au contraire, qu'elle devienne le terreau de nouvelles initiatives distillant cette fois le goût de l'humanité et le sentiment d'altérité !

Les premiers fidèles rassemblés ont relevé le challenge. Dès leurs synodes initiaux, ils se sont donné trois grandes directions pastorales : transmettre la foi, organiser la prière et témoigner de la charité. Priorité à la formation des catéchistes, à l'acculturation des cérémonies avec une liturgie renouvelée, faite de gestes et de chants reprenant les traditions et les mélodies khmères traditionnelles, au soutien des plus pauvres rejetés dans les taudis à la périphérie des espaces urbains, ou cantonnés dans leurs villages de paillotes en lambeaux.

Les croyants se rassemblent sur leur lieu de vie en comités d'entraide. Des éclaireurs partent repérer les familles les plus dénuées de ressources, privées de nourriture un jour sur deux, logeant dans des masures délabrées où la pluie dégouline sur les bat-flanc tandis que les enfants s'égayent sur les trottoirs à défaut d'être scolarisés. Au retour, le comité évalue les besoins et réfléchit à la meilleure façon d'y répondre selon chaque cas particulier, non pas avec des dons venus de l'étranger, mais avec leur propre argent et le fruit de quêtes organisées lors des assemblées dominicales. Ils aident plus pauvres qu'eux, se souciant grâce à de fréquentes visites de la bonne utilisation des sommes versées. Que les bénéficiaires s'en servent comme d'un marchepied pour ne pas rester des déshérités dans la marge ! A Phnom Penh, un père de famille se fait embaucher comme coolie sur un port fluvial balisant le cours du Mékong. A la campagne, une mère cueille des feuilles comestibles et les échange contre du riz. Parfois, c'est une moto qui sera le déclencheur du progrès, à cause des gains décisifs provenant du transport de passagers, des cultures légumières des maraîchers situés loin des marchés ou de porcs emballés dans de larges paniers d'osier. Dans ce cas précis et bien évalué par le comité, l'Eglise offre une aide financière exceptionnelle, distribuée par l'intermédiaire du fidèle qui suit l'opération depuis le début et ne tardera pas à vérifier les résultats tangibles de l'investissement.

De son côté, à titre personnel, sans lien direct avec l'Eglise mais avec la philosophie des comités d'entraide, François aide aussi des familles désemparées en province et à Phnom Penh. Récemment, leurs conditions de vie se sont encore détériorées suite au coup d'Etat qui a fait exploser, en juillet 1997, le pouvoir à deux têtes instauré après la mission de l'ONU. Coopération impossible entre les deux co-Premiers ministres, Norodom Ranariddh et Hun Sen. Lutte acharnée pour s'assurer le contrôle du pays, de ses richesses à exploiter au bénéfice de leurs factions respectives et profiter de l'aide internationale, en partie pour leur propre compte. Même pas de divergences politiques au nom de l'intérêt du Cambodge ! Non, seulement la rapacité et la volonté de pouvoir absolu pour mieux la satisfaire.

Hun Sen prend l'initiative, les 5-6 juillet 1997. Des chars dans la rue, quelques combats à l'arme lourde, l'assaut contre le siège du FUNCINPEC, le parti de Ranariddh, l'élimination de certains de ses membres ou militants et le pillage à grande échelle de l'aéroport ravagé et de dépôts de marchandises vidés en un clin d'œil. Cette fois, la communauté internationale réagit. Beaucoup d'organisations humanitaires déménagent, se mettent à l'abri par crainte d'un nouveau chaos. Les investissements étrangers chutent brutalement. Des entreprises occidentales retirent précipitamment leurs capitaux. Enfin, le Fonds monétaire international et la Banque mondiale suspendent leur aide au retour à la normalité.

En attendant, la croissance est en berne. L'inflation galope, les prix de l'essence et de divers produits de première nécessité flamblent, les usines tournent au ralenti et la construction stagne. Une vraie dépression pour cause d'instabilité persistante, qui frappe de plein fouet les plus pauvres, notamment dans les villes. « Attention ! le pays sombre dans une misère indescriptible », prévient alors François qui évalue notamment les dégâts dans le petit quartier de Chamraeum Phâl, proche de son lieu de résidence à Phnom Penh, là où se déploie justement son aide plus personnelle.

« Kâ-a ka ! Kâ-ey chey ! » Ces syllabes, scandées par un groupe d'enfants qui épellent leur b-a ba en khmer, vous saluent à l'entrée de ce damier de venelles étroites, bordées de maisonnées en planches et d'étroits jardinets. Le cours se déroule en plein air, face à un tableau noir accroché sur un mur de parpaings, où un étudiant originaire du quartier trace à la craie les lettres de l'alphabet cambodgien. Ses leçons, dispensées bénévolement, complètent l'instruction de quelque 35 gamins qui ne vont à l'école que grâce au concours de François. Cinq cents riels quotidiens, l'équivalent d'un franc français, assurent en effet leur scolarité, la moitié pour l'instituteur qui ne peut vivre de son traitement de fonctionnaire équivalent à 15 dollars par mois, l'autre moitié pour le déjeuner des enfants. Impossible aux familles de fournir cette somme, si faible soit-elle. François prend donc le relais et vérifie les livrets scolaires en fin de mois. Un soutien minimal, alors que tant d'autres besoins se font sentir à Chamraeum Phâl.

Sinath, la mère d'une petite fille de sept ans qui continue d'ânonner son alphabet, serre contre elle son cinquième enfant qui vient juste de naître dans d'effroyables conditions. Pour l'accouchement au dispensaire voisin, à Pshar Dauem Skeuv dans la banlieue sud de Phnom Penh, et bien que les soins médicaux de même que l'éducation soient théoriquement gratuits, on lui réclamait 20 dollars. Une voisine lui en a prêté dix. Elle a pu intégrer l'établissement médical avec cette somme. Mais, juste après la naissance, elle s'est enfuie dans la nuit avec son nourrisson de quelques heures de peur qu'on ne lui demande les 10 dollars supplémentaires qu'elle ne possédait pas, au risque d'une infection qui n'a pas tardé à se déclarer. Pendant ce temps, la fille d'une voisine souffre d'un abcès sur la jambe depuis plusieurs semaines, à tel point que l'os est attaqué. « Filez à l'hôpital Kantha Bopha tenu par un médecin suisse, a réagi François, les soins y sont gratuits ». « Nous n'avons même pas les 1 500 riels pour payer le cyclo », lui a répondu la mère. Encore un secours d'urgence à déployer, infime par rapport au prix d'autres actes médicaux. La moindre opération chirurgicale d'ampleur coûte entre 150 et 200 dollars. Une somme pour la survie finalement fournie par François, qui injecte parfois jusqu'à 600 dollars dans le quartier grâce à ses économies et les dons d'amis qui soutiennent son action depuis la France.

Jamais, pourtant, il n'apparaît lors du versement de l'argent. Tout se fait par gens du quartier interposés, et surtout par l'intermédiaire de Sokha, cette infirmière et sage-femme embauchée jadis de force par les Khmers rouges, qui travaille maintenant dans la capitale, faisant payer ses actes médicaux dispensés aux patients riches pour mieux soigner ceux qui n'ont rien.

C'est elle, Sokha, l'âme de Chamraeum Phâl et le relais de François dans le quartier. Elle programme l'ablation des tumeurs, le traitement des calculs rénaux ou l'opération des goitres provoqués par la malnutrition. Elle tente de convertir à l'hygiène élémentaire des femmes dont les enfants souffrent de dysenterie car ils pataugent dans l'eau souillée des latrines, ou vomissent après avoir ingurgité des champignons faute d'argent pour acheter du riz. Elle récupère des planches de contreplaqué afin qu'on ne voie plus le ciel à travers le toit de certaines baraques dont les murs lépreux ruisselaient lors de la dernière saison des pluies. Elle prête de l'argent aux chômeurs pour qu'ils arrêtent de marcher des heures durant dans la ville à la recherche d'un emploi, mais investissent plutôt dans une moto ou restent dans le quartier pour cultiver quelques légumes ou liserons d'eau. Elle soutient financièrement les jeunes prostituées qui veulent quitter à jamais les bordels où leur honneur vaut à peine 3 dollars. Elle rassemble les habitants pour qu'ils installent une pompe d'eau potable ou tracent une petite route de digue. Elle motive enfin tous ceux qu'elle a secourus autrefois pour qu'ils agissent à leur tour, extirpés de l'abîme, au service de plus pauvres qu'eux. Quel tandem forme-t-elle avec François ! Il la conseille sans arrêt et rassemble dans l'ombre les fonds consacrés à cette aide de proximité, faite d'attentions au jour le jour. Une aide qui, explique-t-il, « n'intéresse guère la plupart des grandes organisations humanitaires car les résultats ne sont pas très visibles et médiatiques, ne justifient pas l'utilisation de véhicules 4×4 et de téléphones portables... » « Seulement, écrit-il de tout son cœur dans une lettre envoyée aux “amis de Chamraeum Phâl”, nous pourrons ainsi faire triompher la révolution de l'amour. »

Au retour à la nuit tombée, en se faufilant en moto dans les embouteillages du soir, et comme pour se justifier de n'apporter « qu'une goutte d'eau dans un océan de misère », il cite ce proverbe khmer selon lequel « peu est mieux que rien ». Et de fait, entre ces deux situations, il est une différence née du sens que l'on donne à sa vie.

Et celle de François continue, vite, aussitôt dans sa maison du quartier de Tuol Kok, quand il reprend cette fois son travail d'exégète, d'intellectuel, et se penche sur un grand livre ouvert dans son bureau...

11

Dire Dieu en khmer

Le grand livre est toujours ouvert. Il demeure ainsi depuis tant d'années, dans tous les lieux de travail successifs de François, du siège des Missions étrangères de Paris donnant sur les jardins de l'hôtel Matignon aux locaux bruyants d'« Espace-Cambodge » dans un arrondissement populaire et « coloré », en passant par une petite paroisse de Romainville en Seine-Saint-Denis et les tentes des camps de réfugiés à la frontière thaïlandaise.

La première fois que ces milliers de pages, si fines qu'elles glissent entre les doigts, ont été dépliées pour être traduites, c'était à Phnom Penh, en 1973. Puis, le travail réalisé dans la capitale assiégée a été arraché aux griffes des soldats fanatiques de Pol Pot à la fin du mois d'avril 1975, juste après leur victoire.

La traduction s'est alors enfuie du Cambodge, à bord d'un vieux GMC américain conduit par un chauffeur khmer rouge et filant à travers la prime horreur du Kampuchéa démocratique. Deux décennies plus tard, elle est de retour à Phnom Penh ! Toujours sur le bureau de François, qui compare encore ses écrits à ceux du grand livre ouvert devant ses yeux. Et ce dernier n'est autre que la Bible, l'Ancien et le Nouveau Testament, qui existent aujourd'hui, grâce à lui, dans son intégralité en version khmère, pour la première fois dans l'Histoire.

Pourtant, les quatre Cambodgiens membres du premier comité de traduction sont morts durant la « déchirure ». Seul est resté François, qui se remet à la tâche dans l'indifférence quasi générale en 1980, à partir des quatre premiers chapitres de saint Matthieu. Trois ans plus tard, il a terminé le Nouveau Testament... Qui ne lui suffit pas ! Il s'adresse alors à la Société biblique française, en vue d'aboutir à la formation d'un comité interconfessionnel, seul capable de créer une œuvre œcuménique définitive, comprenant cette fois la Bible dans son ensemble. Douze années de labeur acharné suivront. En France, sous les néons de diverses salles de réunions en région parisienne, derrière les barbelés des camps frontaliers du Cambodge et dans des bureaux à Phnom Penh, où le ronronnement des gros ventilos, qui barattent l'air chaud à partir du plafond, couvre le vacarme de la circulation sur les boulevards.

Travail d'équipe et invariable méthode de travail : au pasteur khmer Arun Sok Nhep de réaliser la première version. Puis à François, l'exégète, de vérifier, verset par verset, l'exactitude de ce texte par rapport à l'original en hébreu, tout en consultant des versions en grec et en français. Enfin à deux Cambodgiennes, l'une catholique et l'autre protestante, d'aider à la plus juste traduction possible en khmer. Terrible besogne ! Parfois, c'est l'empoignade avec les protestants, qui nient la pertinence d'une expression sous prétexte qu'eux ne l'ont jamais employée et qu'elle ne s'inscrit donc pas dans la tradition. Le débat s'envenime un jour à propos du mot « sainteté », se rapportant au « Dieu saint » ou aux « Ecritures saintes », qu'ils traduisent par « pur » au sens de la pureté sexuelle. Mais pour François cela n'a rien à voir car, pour lui, le qualificatif désigne en fait un Dieu « totalement différent du monde ». C'est un désaccord de trop. Fidèle à son tempérament pour le moins coléreux, François ferme ses livres et documents et se prépare à quitter la salle en claquant la porte. « Et cela se passait un jeudi saint ! raconte-t-il aujourd'hui. Le jour où le Christ a demandé l'unité de son Eglise ! Pris de remords, j'ai demandé le conseil d'un pasteur français traduteur de la TOB. Il est venu arbitrer le conflit et m'a entièrement donné raison face à toute l'équipe. »

L'incident est clos. Le labeur reprend sans ressentiment. « On s'est même mis à travailler comme des frères », précise François, dont l'obsession est finalement de traduire plus le sens que les mots, de retransposer non les phrases une à une, mais les idées et les vérités du texte dans la mentalité cambodgienne.

« Quel défi ! soupire-t-il à présent. Traduire la Parole de Dieu écrite dans un contexte culturel judéo-grec, avec l'intention d'être compris, sans trop de contresens, par des lecteurs imprégnés de culture asiatique bouddhique ! » Pas de doute, il faut chercher ses mots...

La première difficulté est de taille : quel terme employer pour désigner Dieu vis-à-vis d'un peuple qui, tout au long de son histoire, a connu plusieurs expressions religieuses, se superposant, « comme autant de strates géologiques ». A l'animisme paysan des origines, avec ses génies protecteurs du terroir, s'est ajouté le brahmanisne et sa pléiade de divinités. Puis le bouddhisme de la stricte observance s'est imposé au treizième siècle, en réinterprétant et en socialisant ces diverses formes religieuses du passé. « Or, constate François, pour un bouddhiste éclairé à qui nous annonçons l'Evangile, la religion est un "enseignement moral", qui ne comporte aucune idée de rapport avec un être supérieur. Bouddha est un maître qui a montré le chemin. Il n'existe ainsi aucun mot, dans la langue khmère, pour désigner une Divinité unique, origine de toute vie, avec laquelle l'homme pourrait entrer en relation personnelle. »

Alors où situer Dieu et comment le nommer ? Jadis, les premiers missionnaires catholiques le désignaient à la manière chinoise, comme « l'illustre-Maître-du-Ciel ». Mais c'était faire de lui un être inférieur à Bouddha, le placer hors des limites du temps et dans l'abstraction car, dans le bouddhisme, le cosmos tout entier relève du domaine de l'impermanence. Alors, François et son équipe choisissent de l'appeler « l'illustre-qui-est-Maître » sans plus de qualification. Une formule assez précise pour qu'on ait l'idée de quelqu'un de puissant et de différent des hommes.

« Mais comment, pour un Khmer, cet "illustre-qui-est-Maître" peut-il se lier d'amour avec l'humanité au point de devenir homme ? » Cette question, François se la pose sans arrêt. Car Bouddha, lui, est appelé le Compatissant : il a compati en montrant le chemin, mais n'est plus en rapport avec les hommes autrement que par son enseignement. De même, affirmer que Dieu « aime », c'est dire qu'« il se lie » et donc reconnaître qu'il n'est pas parfait, du moins dans la mentalité authentique bouddhique, car « il a besoin de l'autre »... Tant pis, le mot « lien » sera conservé et décliné tout au long du texte afin de conserver un caractère extraordinaire à l'amour fou de Dieu envers les hommes.

Tout se complique aussi avec le problème des trois registres de la langue khmère : l'expression religieuse, utilisée par les moines qui forment « l'illustre-communauté » et par tout Cambodgien s'adressant à eux ; le langage royal, employé à la cour et à propos de ce qui touche de près ou de loin à « l'illustre-personne » royale ; le parler ordinaire, enfin, qui comprend une multitude de niveaux correspondant aux catégories sociales et à la politesse des interlocuteurs.

« Pour Dieu, admet François, il n'y a qu'un choix possible : celui du langage royal, héritage du brahmanisme et du bouddhisme, puisque Bouddha était roi. En revanche, pour Jésus, le langage royal risque d'en faire un demi-Dieu et de masquer son incarnation ; c'est la crainte des catholiques. Mais le langage ordinaire, lui, peut cacher sa divinité ; c'est la peur des protestants. Une voie médiane s'impose dans ces conditions, avec le langage royal utilisé dans les Evangiles lorsque le narrateur parle de Jésus ressuscité, et donc roi. Puis le langage ordinaire employé quand les gens s'adressent à Jésus ou quand Lui leur parle. Surtout ne pas masquer l'humanité du Christ, malgré toutes les circonvolutions de la langue khmère ! »

Mais d'autres écueils apparaissent sur des points essentiels, dès lors que la Parole de Dieu se heurte à la conception qu'ont les Cambodgiens de la vie, de l'éternité et de la notion de faute. Et François a tant appris, à ce propos, depuis son arrivée en 1965 ! Il sait que pour un bouddhiste la personne humaine n'existe pas à proprement parler : ce n'est qu'une illusion. L'être humain est un faisceau d'énergies vitales – ou plus précisément d'« agrégats » – qui se sont unies pour former un être sans sujet réel, impermanent, transitoire. Durant son existence, cet être se charge de « mérites » ou de « démérites », selon ses bonnes ou mauvaises actions. Après cette existence, ces « agrégats » se délient pour s'unir à nouveau en formant un autre être, dont la vie sera cette fois plus ou moins bonne selon la charge « karmique », c'est-à-dire la manière dont les mérites auront affecté les diverses énergies. Comment, dans ce contexte, signifier la résurrection et la vie éternelle sans craindre d'évoquer la réincarnation ? Comment traduire le sens du péché sans risquer une confusion avec le démérite ? Décidément, rien n'est simple.

Recherches, études et tâtonnements sémantiques... Il faut bien aboutir à la vérité des mots. Ainsi, « résurrection » sera traduit par « vie-à-nouveau », sans que ce terme soit précédé d'une autre expression employée jadis et indiquant que Jésus était « parvenu-au-terme-de-sa-purification ». Le but est bien d'éviter toute confusion avec le bouddhisme. La vie éternelle devient, elle, « la vie-toutes-les-ères-pour-toujours », même si l'idée d'un temps qui perdure par-delà les « ères » pose bien des questions aux Khmers... Mais le plus dur est de traduire le mot « péché » et donc d'évoquer le pardon.

Bien sûr, il existe de nombreux mots dans la tradition bouddhique pour signifier la transgression, la faute ou « la chute ». Mais aucun ne correspond à la notion chrétienne de rupture d'alliance avec Dieu. Seul le mot « poids » explique le résultat d'une mauvaise action, car il affecte les énergies vitales de celui qui a posé un acte néfaste.

Bataille épique avec les mots... Jamais François n'a puisé, à ce point, dans sa connaissance conjointe de l'Histoire, de la mentalité et de la spiritualité cambodgiennes, afin que la Parole du Christ se fonde dans l'univers religieux des Khmers et y trouve un écho. Pour aboutir à ce résultat, Dieu sait s'il a jonglé avec les idées plus que les mots, les périphrases plus que les termes génériques ! Les subtilités de la langue grecque l'ont poussé dans ses retranchements tant elles paraissent étrangères à cette autre expression du fin fond de l'Asie brune, ne comportant ni pronom, ni temps, ni genre, ni nombre... Il fallait vraiment que l'entreprise fût d'abord un acte de foi !

Son intérêt pour la religion bouddhiste et le long chemin parcouru dans la fraternité auprès de nombreux bonzes ont été décisifs. Il chemine avec eux depuis plus de trente ans ! Dès son arrivée au Cambodge, il a visité les pagodes, s'est passionné pour cet univers religieux et s'est assis, durant des heures, dans la pénombre des temples, à discuter avec les moines en robe couleur safran de leurs convictions respectives et de leur soif d'une vie spirituelle qui les entraîne au-delà de leur condition initiale.

Jamais le dialogue ne s'est interrompu. Pas même durant la longue parenthèse de l'exil forcé, quand de nombreux moines échappés du Kampuchéa démocratique l'ont accompagné dans le secours des réfugiés. Et aujourd'hui encore, dans la moindre pagode marquant l'entrée d'un village avec ses toits courbés, ses visages de pierre et ses fenêtres à colonnettes, il poursuit ces entretiens sans détours capables de nourrir sa foi et de se révéler, aussi, le sel d'une vie missionnaire.

Au nom de cette dernière, pourtant, d'autres prêtres affirment haut et fort être venus au Cambodge « pour apporter la foi chrétienne et non pour faire vivre le bouddhisme. » « C'est peu dire que je me situe dans une autre perspective, explique François. Au fond, je me sens plus destiné, ici, à comprendre d'abord cette voie pour faire ensuite partager aux Khmers une autre expérience spirituelle, en m'inspirant justement de leur intuition religieuse ».

De quelle richesse ont donc été, à ce titre, ses jeunes années passées sur la presqu'île de Chruy Changvar et dans la province de Kompong Cham ! A cette époque un bonze lui avait d'ailleurs confié : « Quand j'ai beaucoup médité, la lumière vient en moi et je me sens lumière pour les autres. » « Celui-là n'est pas loin du royaume de Dieu », pense aujourd'hui François, avant de confier que le bouddhisme lui a appris la méditation. « Seulement, poursuit-il, les fidèles de Bouddha font le vide en eux pour connaître la vérité des choses afin de mieux s'en détacher, alors que nous, nous menons cette même quête de la vérité avec le désir de nous en laisser combler... Différence cruciale, au-delà de laquelle j'admire la véritable action sur soi que représente la pratique du bouddhisme.

« Parfois, constate-t-il, je me dis que nous cherchons à tâtons le même Dieu. Que Jésus et Bouddha sont tous deux des génies religieux. Bien sûr, ils vont dans des directions différentes. Le premier cherche son Père, tandis que le second recherche cet absolu qui s'appelle le Nirvana. Mais au passage, quelle meilleure définition de Dieu que celle du Nirvana ! » Et François de se remémorer alors le catéchisme de son enfance. Quand l'une des premières leçons lui imposait de dire, en réponse à la question : « Qui est Dieu ? » : « C'est un esprit infiniment bon, infiniment aimable, infiniment heureux, etc. » « Quand même, réagit-il à présent. Il fallait être sacrément gonflé pour définir Dieu, l'insaisissable par nature. Lui qui se révèle à Moïse sous ces termes : "Je suis qui je suis, je suis qui je serai." Bref, Lui qui refuse de donner son nom, car c'est à l'usage qu'on finit par Le découvrir. Eh bien ! le Nirvana, cet état dont personne ne peut dire à son propos "il n'est, il n'est pas ; il n'a, il n'a pas", est justement cette définition de l'indicible : ce que l'on ne peut connaître, mais que l'on cherche obstinément, vers lequel on tend avec la certitude de ne jamais l'atteindre, si ce n'est dans l'autre monde après beaucoup de purification. En attendant, personne ne peut posséder Dieu et s'imaginer connaître intégralement la vérité. Voilà, pour moi, l'un des plus beaux enseignements du bouddhisme ! »

En revanche, François discerne que s'il est une voie capable, au Cambodge, de mener les hommes vers Dieu, elle se trouve dans une nouvelle vision de l'homme, reconnu tel un être aimé, doté de ce fait d'une valeur unique et irremplaçable. « Plus que tout l'or du monde », chantaient les jeunes de Suong, qui mesureront peut-être, au bout de ce couplet, que l'autre est visage du Christ et que c'est bien de cette relation à notre prochain que dépend notre relation à Dieu.

Ainsi, loin des conversions à tour de bras provoquées par les cohortes d'évangélistes anglo-saxons qui déferlent sur le Cambodge avec leur prosélytisme atterrant et nocif, François conçoit avant tout sa mission comme un partage d'expérience spirituelle. Certes, cela le conduit parfois à s'opposer à « l'impérialisme catholique qui croit avoir tout compris et tout expliqué pour toujours », à reconnaître même en Bouddha « un chercheur de Dieu », mais aussi à s'écarter de son enseignement qui condamne l'être humain à la solitude et à reconnaître au contraire en cet autre l'amour du Christ, présent et agissant pour le salut et la justice du monde. Oui, l'homme mène à Dieu ! Et au Cambodge peut-être encore plus qu'ailleurs, en ce petit pays où la vie est finalement si peu importante, qu'il n'en finit pas de s'autodétruire au risque de mourir bientôt.

12

L’espoir dans un pays « foutu »

« Ce pays est foutu ! » La phrase fait l’effet d’une bombe dans la grande salle au rez-de-chaussée du siège des Missions étrangères de Paris où François tient une conférence à l’occasion d’un passage en France. A l’écoute, une bonne partie de ses amis, notamment ceux qui gravitent autour d’« Espace-Cambodge », mais aussi beaucoup d’autres participants liés à ce pays en raison de leur passé, de leur passion pour l’Asie, de leur accueil de réfugiés en France ou de leur action humanitaire qui se poursuit là-bas. Bref, des personnes a priori informées. Et pourtant, nombre d’entre elles sont désarçonnées, incrédules ou même agacées par l’affirmation de François. N’exagère-t-il pas à l’occasion d’une colère de plus ? Comment proférer de telles affirmations si lourdes de conséquences ?

Le langage, c’est vrai, n’a rien de feutré. Mais de quelle autre manière s’exprimer, lorsqu’on se réfère à la perpétuelle descente aux enfers d’un pays qui vous tient tant à cœur ? Au Cambodge, une insupportable réalité saute aux yeux de François. Et lui ne peut se la concilier.

A l'inverse de diplomates ou de coopérants requis au devoir de réserve, d'agents d'organisations internationales obligés de composer avec les autorités, de salariés de l'humanitaire forcément modérés pour ne pas fragiliser leur implantation ou désespérer leurs donateurs, de militants des droits de l'homme qui craignent pour leur vie, il se sent foncièrement libre. Pour dire sans ambages la vérité dans toute sa cruauté au risque de choquer ! Bien sûr, son caractère impétueux le pousse à de telles « sorties », où les mots rageurs et les expressions de dépit trouvent leur légitimité dans la violence de la réalité qu'ils décrivent.

« On ne va pas se raconter d'histoires... » Et François d'apporter une preuve parmi tant d'autres, mais celle-ci tellement éclatante et dramatique, du « suicide » du Cambodge : l'infinie forêt tropicale, plantée jadis sur plus des deux tiers du pays khmer, ne recouvre à présent même plus 40 % de sa surface. Tout cela en raison d'une exploitation folle, menée dans le cadre d'un immense trafic organisé par des membres du gouvernement et des officiers supérieurs de l'armée. 3 000 000 d'hectares déjà rasés en moins de trente ans, dont 2 400 000 depuis 1990 ! Pour la seule année 1997, la Banque mondiale estime que 4 000 000 de mètres cubes de bois ont été abattus, dont 90 % illégalement. 90 % ! C'est aussi le pourcentage effarant des gains de cette exploitation qui ne rentrent pas dans les caisses de l'Etat, mais dans celles des sociétés forestières et surtout des intermédiaires qui leur livrent des concessions. Un pillage !

Longue est la liste des forfaits recensés par François, jamais avare de chiffres vérifiés. La société taiwanaise Pheamex-Fuchan, la pire entreprise de déforestation selon les organisations de défense de l'environnement, se taille la part du lion avec 838 000 hectares à sa disposition. Il faut dire que son P-DG est un ancien conseiller informel de Hun Sen... Le richissime homme d'affaires Teng Boonma, pourvoyeur de fonds du régime de Phnom Penh depuis des années, fiché comme narco-trafiquant et interdit de séjour aux Etats-Unis, n'est pas en reste : 416 700 hectares lui ont été attribués fin 1997.

En tout, toujours selon la Banque mondiale, trente et une concessions ont été accordées ces dernières années, soit un total de 6 800 000 hectares représentant plus de 30 % de la superficie du Cambodge. Et dire qu'une loi datant du 1er janvier 1997 interdit l'exportation des grumes ! Elle est violée en permanence avec l'aval des plus hautes autorités qui y trouvent un profit considérable, signant même des documents autorisant ce commerce vers l'étranger qui se compte en centaines de millions de dollars. Tout le monde se sert. Même les Khmers rouges, qui ont longtemps financé leur effort de guerre par la vente de centaines de milliers d'hectares de bois.

La rapacité des exploitants est telle qu'ils s'attaquent maintenant au parc naturel national du Bokor, riche d'espèces végétales et animales très rares, et à celui de Réam, allant jusqu'à y ravager 21 000 hectares de mangrove. A l'est, les provinces de Mondolkiri et de Ratanakiri, refuges ancestraux de nombreuses ethnies, sont livrées au saccage. Enfin, 80 % des forêts couvrant les îles proches du littoral cambodgien ont été coupés illégalement depuis 1994, leurs récifs de coraux mis à sac.

« Arrêtez le gâchis ! » hurle l'association anglaise

Global Witness qui n'hésite pas à enquêter sur place, à prendre des photos aériennes, à filmer les dépôts de bois clandestins et à s'entretenir avec des concessionnaires forestiers qui avouent : « Au rythme actuel de notre travail, il n'y aura plus, d'ici trois à cinq ans, de forêt à exploiter au Cambodge. »

Certes, les pays donateurs exigent dans un bel ensemble la cessation du trafic du bois. La Banque mondiale suspend un prêt de 27 000 000 de dollars destiné à un grand projet de développement agricole. Le Fonds monétaire international lui-même supprime l'octroi d'une aide de 20 000 000 de dollars destinée à assurer des réserves à la Banque nationale du Cambodge. Mais rien n'y fait ! Le hold-up se poursuit. « Personne ne peut protéger un pays et un peuple que ses dirigeants ont décidé de suicider », constate François.

Car c'est bien de mort dont il s'agit à plus long terme pour le Cambodge ! Aucun programme de reboisement n'est en effet envisagé, tandis que s'accentuent les déséquilibres écologiques et climatiques : fulgurante érosion des sols, sécheresses records suivies d'inondations catastrophiques au détriment des récoltes et de la fertilité des rizières. Et le pire se profile à l'horizon avec les menaces pesant sur le Tonlé Sap, la mer d'eau douce intérieure, si vaste et poissonneuse qu'elle dessine de ses flots argentés un patrimoine unique au monde.

La destruction de la forêt peut tout changer pour le lac, en raison des sécheresses successives, de son remplissage à l'aube de la saison des pluies, lorsqu'il reçoit les eaux tumultueuses du Mékong en crue. Surtout, un terrible processus de sédimentation le perturbe, précipité par le déboisement de sa forêt inondée, irremplaçable zone de frai de millions de poissons, dont la superficie de 600 000 hectares vient d'être amputée d'un tiers. « A certains endroits, les rives du Tonlé Sap ne sont plus qu'un manteau pelé », affirmait un magazine régional en 1995. Du coup, la profondeur moyenne du lac atteint un seuil critique en saison sèche, provoquant la mort de nombreuses espèces halieutiques. « Vous verrez, si les coupes à blanc continuent sur ses rives, prédisent de nombreux Khmers, le Tonlé Sap sera comblé un jour prochain. Alors, ce sera la fin du Cambodge touché au cœur. »

De plus, les pêches à la grenade et à l'électricité se multiplient dans les profondeurs du grand lac, ravageant à la fois les poissons de toutes tailles et leur biotope. Les mêmes pratiques désastreuses abîment le lit du Mékong et de nombreuses rivières, où les pêcheurs utilisent des filets aux mailles de plus en plus serrées. Parfois, à l'ouest du pays, des tonnes de boues se répandent dans les affluents du Tonlé Sap, particulièrement la rivière Sangker, provoquant de furieuses pollutions. Ces boues proviennent en fait de la région de Pailin, où des chercheurs de pierres précieuses, longtemps liés aux Khmers rouges, abattent des pans entiers de collines et les passent ensuite à l'eau, selon la technique du *slash mining*, afin de trouver des pierres précieuses, déclenchant au passage de nouvelles érosions. Avec eux et les coupeurs de bois, le pays court à sa perte comme le fleuve va à la mer.

« L'entreprise de destruction mobilise au-delà des clivages politiques, observe François. Qui ne s'acharne pas ? Et pourquoi cesserait-elle dans la mesure où le pouvoir mafieux s'enracine à Phnom Penh ? »

Rien de neuf sur le front politique. Hun Sen demeure plus que jamais l'homme fort du régime depuis les élections législatives du mois de juillet 1998. Et s'il a raflé à l'occasion 64 sièges sur 122, ce n'est pas seulement à la faveur de fraudes, très nombreuses à déplorer lors du scrutin et du dépouillement, mais plutôt à force d'intimidations discrètes, d'achats déguisés de votes et d'extrême lassitude de la population face à la violence.

Pas de vagues. Simplement la visite des chefs de villages et des membres du Parti du peuple cambodgien (PPC) dans chaque maison ou paillote. Une insidieuse tournée des autorités, pour s'enquérir du désir de vote, arriver à connaître les idées politiques des chefs de famille, leur faire prêter serment en vue d'un « vote utile » et échanger contre ces promesses de la nourriture, des engrais, des vêtements ou des semences. Tabler, surtout, sur la crainte de nouveaux troubles jugés inévitables en cas d'alternance électorale. Car partout, dans les faubourgs surpeuplés de la capitale, sur les villages amphibies du Tonlé Sap ou des rives du Mékong, au cœur du moindre village incrusté dans la géométrie ancestrale des rizières, les Khmers, marqués dans leur chair par les violences du passé, redoutent une nouvelle explosion qui risquerait d'enflammer leur pays à nouveau. Alors d'accord pour Hun Sen, afin d'éviter la flambée.

D'autant que rien n'est plus abstrait que la notion de démocratie au Cambodge, admet François, où le pouvoir a plus coutume de s'appuyer sur le clientélisme ou l'exclusion souvent physique de ses opposants. « D'ailleurs, prédisait-il avant les dernières élections, le paysan khmer, l'exploité de tous les régimes, qui forme 80 % du corps électoral, votera pour le pouvoir en place, car c'est avec lui qu'il doit négocier sa survie au jour le jour. »

On mesure alors combien les idées sur l'égalité des droits sont difficilement transposables dans un pays où l'indépendance économique de l'électeur n'est pas assurée. « Par ailleurs, la philosophie khmère du pouvoir est aux antipodes de l'exigence occidentale de service du peuple, poursuit François. Ici, la notion de justice est absorbée par celle du karma et les disparités sociales inouïes ne suscitent guère de révolte. »

Et quand bien même l'alternance politique serait-elle favorisée par l'évolution des esprits, elle resterait impossible à concrétiser sur le terrain. D'une part à cause de la personnalité d'un des principaux opposants, le prince Ranariddh, fils de Norodom Sihanouk et chef de file du parti royaliste FUNCINPEC, qui n'a pas plus gouverné dans l'intérêt général lorsqu'il était au pouvoir entre 1993 et 1997. D'autre part en raison de la manière dont Hun Sen contrôle l'appareil d'Etat et quadrille le pays tout entier. L'administration, la police, l'armée et la majorité des petits chefs locaux sont à sa botte. Son frère Hung Neng est même gouverneur de la grande province de Kompong Cham ! Un formidable réseau a été tissé, qu'aucun nouveau leader sorti des urnes ne pourra démanteler. Pas même Sam Rainsy, président du Parti de la nation khmère, de loin le plus virulent des opposants, en sa qualité d'ex-ministre des Finances, qui a tenté en vain, et au péril de sa vie, d'assainir le pays.

Les événements du début du mois de septembre

1998 sont là pour le prouver. Ses partisans, une cinquantaine de moines bouddhistes en tête, manifestent alors par milliers dans Phnom Penh pour dénoncer la fraude électorale. « Quelle que soit l'opinion que l'on porte sur son bien-fondé ou ses chances de succès, cette mobilisation massive et prolongée est en elle-même une révolution, affirme François qui assiste à l'événement. Pour la première fois au Cambodge, des hommes, des femmes, des pauvres pour la plupart, osent affronter un pouvoir dictatorial qui se moque d'eux. »

Mais la réponse de ce pouvoir est cinglante. Les protestataires sont frappés à coups de gourdin et de matraque électrique par l'armée, qui use de canons à eau et tire des rafales d'armes automatiques. Des manifestants s'écroulent. Plusieurs bonzes se trouvent parmi les victimes, dont personne ne connaîtra cependant le nombre exact, leurs corps ayant disparu après cette violente dispersion à coups de mitraille.

Depuis, l'ordre règne à nouveau sur le Cambodge. « Les durs du PPC ont gagné et la démocratie semble avoir fait long feu », constate François, amer face aux réactions pour le moins mitigées de la communauté internationale. En fait, de nombreux pays, dont la France, soutiennent carrément Hun Sen et le félicitent d'avoir rétabli la sécurité. Qu'importe s'il se refuse à arrêter et à traduire en justice Yeng Sary, Khieu Samphan et Nuon Chéa, les derniers chefs historiques des Khmers rouges qui se sont rendus. Pour l'Occident, il n'y a pas d'alternance possible au PPC, puisque Ranariddh est encore plus corrompu et Sam Raimsy trop impulsif. « La politique n'est pas une affaire de sentiment mais l'art du possible », constate

François. Mais pourquoi aucun droit de regard n'est-il exercé par toutes ces « nations libres », qui ont pourtant déversé 3 milliards de dollars lors de l'opération de l'ONU et continuent d'assurer pas loin de la moitié du budget de l'Etat ? Quel levier représenterait cette manne pour contraindre le régime à évoluer ! Au risque de choquer encore une fois, François se demande tout haut s'il ne faudrait pas vérifier les aides une à une pour en supprimer un grand nombre. Vieux débat suscité par un état de fait qui ne date pas d'hier.

Sans être riche, le Cambodge n'est pas le Burkina ou le Bangladesh. Il possède assez de richesses matérielles et humaines pour survivre, mais se trouve dépendant de l'étranger depuis la colonisation française. Les routes, les ponts, le port de Kompong Som, les hôpitaux, les dispensaires et les établissements scolaires ont été bâtis grâce aux dons et à la technique venus d'ailleurs. « Dans les années soixante, j'avais déjà l'impression que le Cambodge ne pouvait vivre par lui-même », raconte François. La perfusion s'est accentuée quand le pays a tout perdu sous la terreur des Khmers rouges. Seule une aide massive pouvait alors le sauver, mais renforçant encore son assistance.

Et ce soutien a été décuplé dans les camps ! Les réfugiés y passaient leurs journées à attendre la distribution de vivres assurée par des étrangers. Le seul moyen de trouver un emploi était alors de se faire embaucher par les organisations internationales, omniprésentes sur la frontière. Ainsi, pour des centaines de milliers de Khmers, le verbe travailler n'a plus désigné le repiquage du riz, la moisson, la pêche ou la construction, mais uniquement le fait d'être salarié d'une ONG, de « pomper » le fric venu d'un pays tiers. Des torrents d'aides ont réduit les hommes à l'état de perpétuels mendiants et ont anesthésié chez eux la volonté de s'en sortir, l'esprit d'initiative.

Le problème s'est ensuite déplacé au Cambodge, qui détient aujourd'hui une folle densité d'organisations humanitaires présentes sur son territoire. Pas moins de 120 ONG dépensant plus de 130 millions de dollars par an ! Et à cette somme, il faut ajouter celles allouées par les grandes institutions internationales, type Banque mondiale ou FMI, et l'aide de quelque trente-trois pays donateurs. Soit en tout quelque 450 millions de dollars pour à peine 11 millions d'habitants ! Difficile d'être plus assisté...

Bien sûr, nombre de ces secours pansent les plaies d'un pays exsangue. Pas question pour François de remettre en cause la présence de « Médecins du Monde » qui a restauré l'hôpital Calmette de Phnom Penh, ni celle de « Médecins sans frontières » dans les centres médicaux des provinces et notamment à l'hôpital de Battambang, réorganisé de fond en comble et avec une efficacité exemplaire par MSF. Encore moins de chipoter sur le travail de « Handicap International » qui réagit au fléau des mines anti-personnel, forme partout des kinésithérapeutes et des fabricants de prothèses, permet aux estropiés de se réinsérer et de tenter de devenir, à leur tour, acteurs du développement de leur pays. Mais qui peut nier les effets pervers de cette noria orientée vers le Cambodge ?

Témoin de cette dérive, le Centre cambodgien d'action contre les mines (CMAC). Ses responsables certifient la dispersion de 5 à 10 millions de pièges mortels de ce genre alors qu'il en reste 1,5 million (c'est déjà trop !) selon les experts internationaux du déminage. Mais le gonflement des chiffres n'a qu'un but : attirer toujours plus d'aides afin de se constituer une rente de situation et se livrer à des trafic juteux. Et François de révéler un scandale de plus : chaque candidat à un emploi à la CMAC est contraint de verser à des intermédiaires la somme de 900 dollars s'il souhaite se faire embaucher comme démineur. A croire que le filon est bon ! Et pas près de se tarir puisque l'Union européenne a encore accordé 2,15 millions de dollars au CMAC en 1998, tandis que le Canada lui octroyait pour sa part 1,5 million de dollars.

Ne pas jeter pour autant « le bébé avec l'eau du bain ». François en est persuadé. Et c'est en vertu de cette conviction qu'il soutient de petites ONG au fonctionnement d'une rigueur implacable. L'un de ses projets favoris et qu'il visite parfois est dépendant de Caritas. Il est justement installé sur le Tonlé Sap, ce lieu en sursis mais magique, en raison de cette musique légère des flots mouvants qui émane d'une étendue d'eau douce enchâssée dans la contrée des rizières vertes.

La vie de 5 000 pêcheurs s'y déroule pourtant à l'arraché. Sans arrêt, ils plongent leurs filets de nylon blanc pour capturer des poissons aux écailles argentées ou à la peau gluante, vendus ensuite sur les marchés de Phnom Penh ou de Thaïlande. Tous vivent avec leur famille sur des chaloupes bâchées ou des paillotes flottantes. Et voilà que leur univers lacustre s'est éclairci, depuis trois ans, avec l'arrivée inédite d'un hôpital à la surface des flots...

Du jamais-vu ! Une structure médicale montée sur des bambous et propulsée par les hélices d'un gros moteur chinois... En fait un dispensaire de bois aux volets bleus, à la fois maternité, infirmerie et centre d'éducation sanitaire, qui suit ses patients au gré de leurs migrations lacustres. « Deux cents enfants y sont déjà nés, précise Sothear, jeune sage-femme assise sur une natte auprès d'un nourrisson. Les mères sont enfin à l'abri des hémorragies ou infections, tandis que leurs bébés bénéficient de soins dès la naissance, dans ce pays où la mortalité néo-natale est de 227 pour 1 000. »

L'organisation mondiale de la santé (OMS) n'en revient pas. Ses statistiques sont jugées positives quand, dans une région pauvre, 50 % d'une population donnée bénéficie de soins médicaux. Mais sur le Tonlé Sap, ce sont 90 % des pêcheurs qui ont recours au dispensaire amphibie, pour des consultations capables d'endiguer leurs maux, de la dysenterie à la typhoïde en passant par la tuberculose et la malaria. Leurs enfants, eux, sont protégés contre la coqueluche, la rougeole, la polio, le tétanos et la diphtérie. Taux de couverture vaccinale sur le lac : 80 %, contre 17 % en 1995, l'année du lancement du navire-hôpital où se relaient deux équipes de trois sages-femmes et infirmiers cambodgiens, mobilisés vingt-quatre heures sur vingt-quatre et même disponibles le jour du nouvel an khmer.

A la tête du projet, une amie de François au sourire lumineux et à l'énergie dantesque : Bernadette Glisse, employée de Caritas, qui mène l'affaire avec un budget de 120 000 dollars sur trois ans, finançant les équipements et assurant une part du fonctionnement, tandis que le gouvernement cambodgien prend en charge le salaire du personnel médical. Un échange exemplaire au nom de l'intérêt général et un vrai rôle d'aiguillon des pouvoirs publics enfin assuré par l'humanitaire !

Quant aux huit salariés khmers de Bernadette investis dans le projet, ils se sont convertis, eux aussi, à la logique de l'efficacité maximale à moindre coût. Ils consignent en effet leurs dépenses, évitent les intermédiaires de tout poil, achètent à Siem Reap leurs fournitures au juste prix et s'initient à la rigueur d'un budget où les économies de fonctionnement favorisent l'investissement, c'est-à-dire le service prioritaire de la population.

Sur le lac, le succès de leur action sanitaire « éclabousse ». Il est foncièrement visible, tandis qu'à Phnom Penh le résultat du travail assidu de Myriam Frys ne se voit guère et pour une bonne raison : il ne provoque qu'un « sursaut d'âme » chez de jeunes Khmers, qui bénéficient enfin d'une éducation humaine. A force de dynamique de groupe et de longs échanges, Myriam les forme au respect absolu d'autrui, à l'expression de leurs propres idées, à la prise de parole critique face aux autorités... et même à l'amour ou à l'arrivée de la vie ! Car en ce pays et cette culture, une minorité seulement de jeunes adultes est éduquée sexuellement, connaît l'intimité du corps humain et les ressorts de la création. Tout est à reconstruire et Myriam s'y emploie avec une patience infinie, au sein de son ONG minuscule qui ne fait jamais parler d'elle, si ce n'est auprès des nouvelles générations de Khmers.

Mais pourquoi François soutient-il à fond de telles entreprises ? Parce qu'elles sont pour lui, et parmi d'autres initiatives, les ingrédients d'une révolution urgente à mener au Cambodge : « Celle des cœurs et des esprits, non pas imposée par la force, mais par l'amour du pays et de ses concitoyens. »

A cet égard, les membres des comités d'entraide de l'Eglise catholique sont aussi exemplaires. Leur pauvreté matérielle ne les dissuade pas d'apporter du riz aux malades qui croupissent dans les salles communes des hôpitaux, d'offrir chaque jour, comme François, 500 riels (1 franc) à des enfants pour qu'ils puissent se rendre à l'école, de fournir des matériaux aux réfugiés des camps qui n'ont jamais pu, depuis plus de vingt ans, se fixer en un seul endroit définitif pour y bâtir leur paillote.

Surtout, cette démarche est entièrement bénévole, à l'instar de celle des catéchistes. Eux auraient tant voulu, au départ, être salariés de l'Eglise ! Mais ils s'aperçoivent aujourd'hui qu'on ne transmet pas la foi pour de l'argent. « Dans un pays où le profit grangrène tout, au point d'être le seul moteur de l'action des hommes, leur geste gratuit est une provocation, note François. Mais après plusieurs années passées à accomplir de tels actes, qui prouvent au passage que tout ne se vend pas, ces hommes et ces femmes sont transfigurés ! Ils se découvrent les ferments d'une véritable transformation sociale engagée au nom de l'amour. »

Et d'autres figures de cette métamorphose surgissent depuis un ou deux ans seulement, sans lien direct avec l'Eglise. Mais François appuie leur combat de toutes ses forces. Elles sont justement rassemblées ce soir, dans un petit appartement au centre de Phnom Penh, improvisé en foyer d'accueil. Si elles n'y logeaient pas, elles seraient entassées à six dans un débarras poussiéreux de cinq mètres carrés jouxtant des rangées de machines à coudre.

Elles, ce sont Vutha, Môm, Sophany, Dara et Sokuntéa, ouvrières des ateliers textiles implantés à la périphérie de la capitale. Des esclaves en fait, âgées de dix-huit à vingt-deux ans, exploitées par des patrons sino-khmers travaillant pour des entreprises de Singapour, de Hong Kong, de Taiwan ou de Malaisie, qui délocalisent leur production vers le Cambodge, en raison des salaires de misère qui y sont pratiqués. Trente-cinq dollars mensuels pour Môm et ses amies, suivant le barême de un dollar pour 120 cols et manches de chemises cousus. Horaires : 7 heures-11 heures et 13 heures-17 heures. Mais elles triment en vérité jusqu'à 19 heures et avalent à toute vitesse un bol de soupe le midi. Enfin, elles ne récupèrent jamais de leur labeur acharné. Pas un seul jour de repos programmé dans l'année, à moins d'être malade et de perdre une part de son salaire. Impossible de revoir leur famille vivant dans les provinces de Kompong Cham, Kandal ou Kompong Thom. Du coup, leur famille c'est ici. Dans ce logement aménagé par deux femmes proches de l'Eglise catholique, qui ont poussé leurs meubles pour aligner des nattes et retirer ces jeunes filles des griffes de leurs employeurs.

Sophany, Dara et les autres ont en effet participé au mouvement social des ouvrières du textile. Elles se sont révoltées contre leur salaire de misère, acquitté en échange de soixante-dix heures et plus par semaine. Elles ont relevé la tête face aux contremaîtres qui leur lançaient des injures et les battaient parfois à longueur de journée. Elles ont fait grève, ont défilé devant le Palais royal et le siège du Parlement, obtenant au final un salaire à la hausse et la promesse des patrons de ne plus les battre. « Ne plus rester jour et nuit dans l'usine, loger ailleurs, découvrir ici que l'on pouvait susciter le respect, tisser des liens d'amitié malgré cette vie tournée vers le travail et mesurer, enfin, que l'on avait des droits ! Voici le chemin que nous venons de parcourir contre toute attente, retrace Vutha. Maintenant, nous n'avons plus peur... »

Leur lutte, que François a suivie au jour le jour, racontée dans ses écrits et citée en exemple au cours de ses conférences, elle continue dans les usines de confection, toujours plus nombreuses aux portes de Phnom Penh. Et pendant ce temps, lui engage l'Eglise à partir en mission vers cette nouvelle population laborieuse du Cambodge qui, émergeant au fil d'un processus de métropolisation, révèle l'ampleur d'un drame humain, mais aussi tant de promesses pour les Khmers en quête de leur dignité.

« Dieu sait que cette activité menée pour une telle cause me sort de mes bouquins ! » soupire François dans son bureau, au rez-de-chaussée de sa maison du quartier de Tuol Kok. La Bible œcuménique traduite, vendue au prix subventionné de 6 dollars, les tâches de traduction ne sont pas achevées pour autant. Place à la rédaction des commentaires de l'Ancien et du Nouveau Testament, à la recomposition de tous les outils liturgiques, à la traduction de films sur Noël, sur Abraham et Moïse, sans oublier le long métrage *Jésus* de Franco Zeffirelli.

Des heures passées au son des ventilos face à l'écran

d'un ordinateur portable, où s'empilent les caractères en khmer. Reliés un à un, ils noirciront bientôt des pages entières de livres constituant la première littérature chrétienne du Cambodge. « Un travail de bénédictin », déplore parfois François qui, en réaction, ouvre grand sa demeure aux allures de centre culturel en plein cœur de Phnom Penh, avec sa bibliothèque sur le Cambodge, ses petites salles de cours où des étrangers viennent apprendre le khmer, où lui-même accueille les coopérants qui débarquent pour leur présenter le pays et ses habitants.

« Je n'ai qu'un pas d'avance sur eux », explique-t-il. Peut-être, mais un long pas effectué en trente-quatre ans ! Ainsi leur parle-t-il de ses découvertes à la fin des années soixante, de cette langue et de cette mentalité khmères dans lesquelles il est indispensable de se plonger pour ne pas truffer d'erreurs fatales son action généreuse. L'histoire du pays est aussi revue dans tous ses détails et le fléau de la corruption abordé de plein fouet.

Que les nouveaux arrivants, qui vont s'y trouver confrontés sans tarder, sachent au moins que ce problème se pose en Asie et au Cambodge depuis la nuit des temps ! Qu'il relève d'une mentalité politique traditionnelle où chaque poste est un « bénéfice » que l'on achète : le roi « mange le royaume » et la fonction d'autorité « profite ». Seulement, si ce mode de gestion de la société khmère fonctionnait jadis tant bien que mal, tel un écosystème, avec le mandarin, ou le chef de province, qui ne réclamait de ses sujets pas plus qu'ils ne pouvaient donner, tout a changé avec le protectorat français. Son administration a transmis le pouvoir à des fonctionnaires « irresponsables » devant le peuple, sans souci de préserver cet équilibre naturel.

François fait la part des choses. Entre la petite corruption au jour le jour et le pillage actuel du Cambodge par ses dirigeants. La première équivaut, en effet, à un jeu ancien de relations entre les gens qui ont le pouvoir et ceux qui ne l'ont pas. En ce pays, on ne se présente jamais les mains vides pour demander quelque chose. Le « cadeau » fait partie de la politesse élémentaire. Et en quoi est-il condamnable, s'il reste dans les normes et n'influe pas, par exemple, sur une décision de justice ? C'est toute la différence avec les Etats occidentaux où l'on paye des impôts, forme impersonnelle de financement des fonctionnaires, que les « cadeaux » assurent directement au Cambodge, là où la fiscalité n'existe pas.

En revanche, pas de pitié pour la corruption éhontée des « grands » ! Eux n'ont rien à voir avec l'instituteur qui gagne « officiellement » 30 dollars par mois et ne peut nourrir sa famille sans un léger complément demandé aux familles de ses élèves. Surtout ne pas confondre !

S'impliquer au Cambodge nécessite un sacré discernement de la réalité ! « La générosité ne suffit pas », répète François, qui guide ainsi plusieurs coopérants à travers les détours du pays, les défis de son histoire et les arcanes de sa culture.

Les lecteurs d'*Espace-Cambodge-Infos* l'accaparent à leur tour. Chaque jour, il épluche la presse khmère et internationale afin de leur offrir une vision du pays introuvable dans aucun autre média. La vérité quoi qu'il en coûte et au prix d'un suivi obstiné des événements !

L'exercice laborieux aboutit à des révélations qui dérangent, comme cette information exclusive sur la mort de Pol Pot, non pas décédé de maladie, mais bien assassiné par son médecin thaïlandais. En fait, son arrêt de mort a été signé lorsque le président Clinton a donné l'ordre de l'arrêter. Un commando américain était à pied d'œuvre aux Philippines pour passer à l'action. « Capture trop risquée », ont jugé les officiels thaïlandais, qui craignaient des révélations sulfureuses sur le trafic de bois, d'armes et de pierres précieuses. D'où l'élimination de ce témoin illustre mais gênant, l'autopsie bâclée, la présence d'un officier thaï comme unique observateur lors de sa crémation.

Mais cette disparition arrange tout le monde, son ancien capitaine de l'armée khmère rouge Hun Sen y compris. Ce dernier ne vient-il pas de recevoir « avec un bouquet de fleurs et dans un esprit de réconciliation nationale », les deux chefs khmers rouges qui se sont finalement rendus le jour de Noël 1998 ? L'absence de poursuites judiciaires, dans un premier temps, à l'égard de Khieu Samphan, ancien chef de l'Etat sous le régime de Pol Pot, et de Nuon Chèa, l'un des principaux idéologues de l'Ankgar, est bien un scandale historique. « La justice ne progressera jamais dans notre pays si les criminels contre l'humanité restent impunis », réagissent, écœurés, nombre de Cambodgiens.

Trop, c'est trop ! Parfois, François avoue sa fatigue, son découragement. Alors l'impression l'étreint, tenace, que les leçons du passé n'ont servi à rien : jamais les injustices n'ont été si criantes, jamais le fossé entre la ville et la campagne ne s'est tant creusé, jamais les valeurs morales de référence de la société khmère n'ont été dissoutes à ce point. « Les causes qui ont favorisé l'émergence des Khmers rouges il y a trente ans sont visibles au grand jour, affirme-t-il. Seul l'environnement politique international est différent. Le Cambodge n'étant plus d'intérêt stratégique pour les grandes puissances, on le laissera sombrer parmi ses démons et dans le suicide écologique où il se précipite. Tant de souffrances pour retourner à la case départ ! »

Peut-être. Mais lui ne peut laisser sombrer les ouvrières de Phnom Penh, les catholiques des comités d'entraide qui surprennent la société tout entière par leur charité singulière, Sokha et les gamins de Chamraeum Phâl, les séminaristes de Battambang, les lecteurs d'*Espace-Cambodge-Infos* et ses éternels bouquins qui impriment la Parole du Christ en ce pays défolié.

« Mais où trouves-tu donc la force de tout mener de front ? lui a un jour demandé l'un de ses proches.

– Dans la foi que j'ai reçue comme un don de Dieu, a-t-il répondu. Mais aussi parce que je suis aimé. Oui, aimé d'hommes, mes amis. Mais aussi de femmes qui, en tout bien tout honneur, m'ont aidé à ne jamais désespérer de l'existence, m'ont prouvé que ma vie n'appartenait pas qu'à moi, m'ont permis de découvrir l'altérité. C'est cet amour qui me gave d'énergie ! »

Et de cette énergie, il en faut pour repartir tôt ce matin vers la province de Kompong Cham, à l'heure où les nappes de brume cachent au loin le rideau vert des palmeraies. Là-bas, à nouveau le Mékong, ses chaloupes aux liserés toujours bleus, figées près du débarcadère dans l'eau calme et luisante. Enfin l'une appareille, se faufile entre les barques effilées qui dansent au gré du sillage d'écume. Cap sur le village de Kdol

Loeu, pétrifié sous le soleil, où la communauté chrétienne se rassemblera ce soir sur un plancher de bambou hissé sur pilotis, afin d'évoquer ce Dieu qui déplace des montagnes.

En attendant, balade dans les rizières qui blondissent dans l'étuve de la saison sèche. Les paysans alignés la faucille à la main, les gerbes de paille de riz liées d'un seul brin, la charrette au loin tirée par les buffles et qui recevra bientôt la multitude de ces bouquets dorés.

Le grand silence, surtout, qui monte de la terre spongieuse ou craquelée selon les caprices de la mousson. Et François, assis sur une diguette au milieu de ce Cambodge éternel, de réfléchir à la manière dont sa vie s'est enchaînée ici depuis trente-quatre ans.

L'atlas dévoré des yeux à Sallanches, où le mot « Cambodge » révélait une contrée méconnue ; l'élan d'une pastorale au plus près des Khmers, soudain brisé par la guerre civile ; la fuite vers Phnom Penh où se révèle son talent à traduire les écrits des Apôtres ; cette place de témoin d'une révolution si radicale qu'elle l'oblige pour la première fois à écrire de nombreux articles et un livre ; les réfugiés qui l'entraînent jusque derrière les barbelés des camps au cœur de ce drame très contemporain de l'exil ; le retour final vers un pays meurtri où les plus pauvres des hommes symbolisent tout l'espoir du monde...

Lui a-t-il fallu être guidé, inspiré au long cours de sa vie pour mener ce chemin ! Oui, le parcours de François, pourtant loin d'être achevé, aboutit déjà à une certitude : entre les alpages de Savoie et les rizières du Cambodge, sa vraie patrie est le pays de l'Esprit.

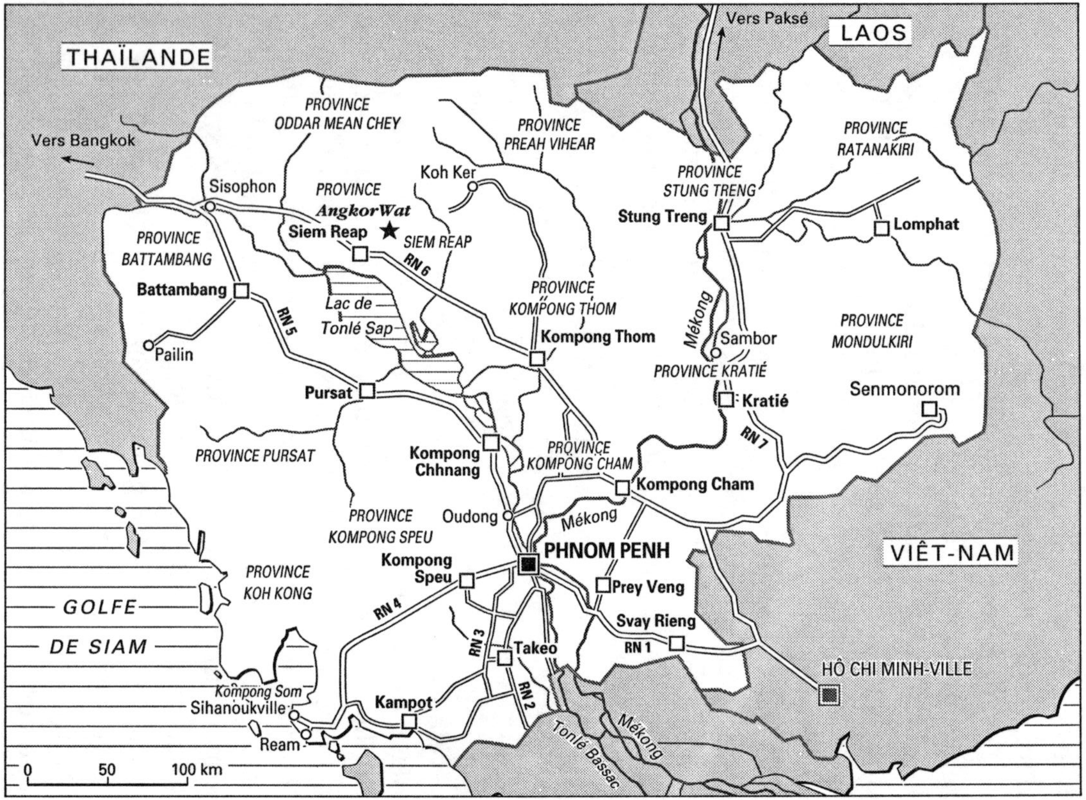

Carte du Cambodge

Remerciements

En 1982, au tout début de sa carrière de journaliste-reporter, Benoît Fidelin était venu m'interviewer à propos de la situation au Cambodge, marquant ainsi le début d'une longue amitié. Après plusieurs séjours sur place, il rêvait d'écrire un livre sur ce pays passionnant et m'a demandé d'en être le fil rouge... au risque de mettre mon humilité à rude épreuve ! Car tant d'autres, bien avant moi, et même depuis quatre siècles, ont aussi ensemencé la rizière du Cambodge. Je tiens donc, ici, à leur exprimer ma reconnaissance, spécialement aux pères Louis Chevreul et Gervais Levavasseur, véritables pionniers de la Mission catholique du Cambodge, à Jean-Marie Guesdon et Syndulphe Tandart, figures de proue de la linguistique khmère du siècle dernier, dont je me sens si proche de l'aventure humaine. Dans un passé plus récent, mes remerciements vont au légendaire et infatigable père Robert Venet, ainsi qu'au père André Lesouëf, responsable du diocèse de Kompong Cham durant les moments tragiques, à Emile Destombes, mon confident des heures noires, actuellement évêque de Phnom Penh, et à mes grands amis Monique et Roger.

Remerciements

Merci, surtout, à tous les Khmers, hommes et femmes, qui m'ont si chaleureusement accueilli et accompagné dans ce long voyage : la richesse des relations que nous avons nouées et la profondeur du bouddhisme ont affermi ma foi. Un hommage plus particulier, enfin, à Joseph Chhmar Salas, évêque et martyr, ainsi qu'à toutes les victimes innocentes de la folie humaine.

François Ponchaud

« Espace Cambodge », l'association créée par François Ponchaud durant son long séjour en France, après son retour forcé du Cambodge, fonctionne toujours aujourd'hui. Chaque année, elle vient en aide à plus de cinq cents familles khmères réfugiées dans notre pays. Avec deux salariés et une quinzaine de bénévoles, elle les épaule lors de leurs démarches administratives, favorise leur insertion sociale et professionnelle dans la société française, assure le soutien scolaire de nombreux enfants, tente de prévenir les ruptures ou la délinquance au sein des familles déracinées, organise des manifestations culturelles permettant aux Cambodgiens d'évoquer leurs racines et leur identité, guide aussi les Khmers qui le désirent à rentrer dans leur pays d'origine pour y être acteurs d'un véritable développement. Elle édite enfin le bulletin bimestriel *Espace-Cambodge-Infos*, réalisé à partir des réalités observées sur place et recensées par François Ponchaud.

Adresse : 98, rue d'Aubervilliers, 75019, Paris.

Coordonnées bancaires, si vous désirez soutenir son action : « Espace Cambodge » CCP 920079 S Paris.

Table

La composition de cet ouvrage
a été réalisée par I.G.S. Charente Photogravure,
à l'Isle-d'Espagnac,
l'impression et le brochage ont été effectués
sur presse Cameron dans les ateliers
de ***Bussière Camedan Imprimeries***
à Saint-Amand-Montrond (Cher),
pour le compte des Éditions Albin Michel.

Achevé d'imprimer en février 1999.
N° d'édition : 18024. N° d'impression : 990698/4.
Dépôt légal : mars 1999.